Bernhard Grzimek
Das Tierhaus in den Bergen

Alexander

Bernhard Grzimek, 1909 in Schlesien geboren, studierte Veterinärmedizin und war zunächst als Tierarzt tätig. Kurz darauf trat er in das Reichsernährungsministerium ein. Nach 1945 wurde er Direktor des Frankfurter Zoologischen Gartens, den er zu einem der eindrucksvollsten in ganz Europa ausbaute. Grzimek, DDr. h. c., Professor an der Universität Gießen und Kurator der Nationalparks in Tansania und Uganda, wurde mit zahlreichen Preisen und Ehrungen ausgezeichnet. Populär wurde er in Deutschland durch seine beliebte Fernsehserie ›Ein Platz für Tiere‹.
Im Deutschen Taschenbuch Verlag liegen folgende Titel von Bernhard Grzimek vor: ›Auch Nashörner gehören allen Menschen‹ (Band 1082), ›Mit Grzimek durch Australien‹ (Band 1113) und ›Wildes Tier – weißer Mann‹ (Band 1177).

Bernhard Grzimek

Das Tierhaus in den Bergen

Deutscher
Taschenbuch
Verlag

dtv

Illustriert von Ruth Koser-Michaels
›Das Tierhaus in den Bergen‹ erschien zum ersten Mal 1962
im Verlag Hallwag, Bern.

Ungekürzter Text
Juli 1976
Deutscher Taschenbuch Verlag GmbH & Co. KG,
München

Umschlaggestaltung: Celestino Piatti
Umschlagbild: Edith Witt
Satz: IBV Lichtsatz KG, Berlin
Druck und Bindung: Ebner, Ulm
Printed in Germany · ISBN 3-423-07222-9

Inhalt

Das Tierhaus in den Bergen 7
Winterbesuch im Tierhäuschen 13
Hasenbesuch 21
Klaus holt den Arzt 29
Der Bücherschrank 37
Drei ungebetene Gäste 44
Ein Löwe im Walde 53
Die große Welt kommt ins Tierhäuschen 63
Herr Gräving 74
Fundevogel 80
Der Papagei Gobo 91
Seltsame Nachbarn 98
Wurz, der Waldkauz 107
Die alte Therese 115

Das Tierhaus in den Bergen

Das Häuschen, in dem wir wohnen, liegt über tausend Meter hoch in den Bergen. Wenn man oben auf dem Bergkamm steht, dann grüßt es einsam aus der Talmulde. Der hohe Tannenwald, von Schneelasten wie mit Spitzenwerk übersponnen, schützt es vor dem Wind, so daß der Rauch aus dem einzigen Schornstein kerzengerade in die Höhe steigt und sich dann langsam in der dämmrigen Winterluft in breiter, waagrechter Schicht verteilt. Aus dem Fenster leuchtet die Lampe herüber, so gelb und warm inmitten der bläulich klaren Winterweite, als wollte sie sagen: Spute dich, hier am Ofen ist es gemütlich, und der heiße Kaffee wartet schon unter der Haube. Wir leben weltverloren hier in unserem hundertjährigen Bauernhäuschen. Kürzlich lag der Schnee so hoch, daß wir früh die Fenster der Wohnstube freischaufeln mußten und erst eine Woche später die Zeitungen aus dem Dorf holen konnten. Aber was auch da draußen in der Welt hinter den Bergen jetzt vorgeht, wir kommen uns nicht verlassen vor. Unter unserem großen, von den Schneelasten so vieler Winter ein wenig gebeugten Dach leben mit uns Pauline, unsere Kuh; Strupp und Strapp, die beiden Dackel; Rosettchen, die Katze; Gobo, der Papagei; Erich, der Hahn mit seinen vier Hühnern; Murr, ein Sumpfbiber, und vier Tauben. Sie gurren schon unter dem Dach, wenn früh die ersten Sonnenstrahlen durch das kleine Fensterchen in die niedrige, holzgetäfelte Schlafstube scheinen.

Als man im Unterland den Friedensstörer Napoleon endlich eingefangen und auf eine Insel im fernen Ozean verbannt hatte, da war auch ein junger Holzfällersohn aus den grimmigen russischen Feldzügen zurückgekommen und hatte sein Vaterhaus niedergebrannt vorgefunden. Damals hatte er mit den Nachbarsleuten zusammen im Walde riesige Fichten geschlagen, so groß, wie sie jetzt hier gar nicht mehr wachsen. In der alten Sägemühle, die heute noch im Nachbartal schwerfällig ihr Rad dreht, hatte er Balken daraus schneiden lassen und Bretter, so breit, wie man sie heutzutage nirgends mehr kaufen kann. Und daraus hatte er dieses Haus gebaut. Die Türen sind niedrig. Man muß den Kopf einziehen, wenn man durchgeht, und in der großen Stube kann der Vater unter der schiefen Decke am Fenster nicht aufrecht stehen. Aber warm ist es dafür in den niedrigen Stuben, wenn der breite Tiroler Ofen zu spucken anfängt.

Den Raum hinter der hölzernen Wandtäfelung sehen die Mäuse aus dem Walde und der Wiese ringsum als herrliche Gelegenheit an, den vorgeschriebenen langweiligen Winterschlaf ausfallen zu lassen und hier Schabernack zu treiben. Wenn es draußen kalt wird, dann raschelt und trappelt es hinter den Wänden. Die ersten Tage sind sie noch erschrocken, wenn wir dagegenklopfen, und halten eine Weile Ruhe. Aber bald werden sie immer übermütiger und lassen sich bei ihrem Vergnügen überhaupt nicht mehr stören. Da ist es nur gut, daß wir unser Rosettchen haben. Sie ist eine ganz besondere Katze. Denn es gibt wohl graue, gelbe, schwarze oder weiße; Rosettchen aber ist weiß, rot und schwarz zugleich. So eine Dreifarbigkeit kommt, so sagt man, nur bei Katzenweibern vor, Kater sollen höchstens zweifarbig sein. Vater hat Rosettchen als kleines Katzenkind einmal in der Tasche von einer Reise mitgebracht. Sie

fängt im Sommer selten Mäuse, sondern zieht es vor, am Bachrand zu liegen und mit einem raschen Schlag ihrer dolchbewehrten kleinen Pranken fette Forellen aus dem glasklaren Wasser herauszureißen. So manches Forellengericht haben wir Rosettchen schon abgejagt.

Im Winter aber, wenn die Bachufer meterhoch von steilen Schneewänden überlagert sind, unter denen die Forellen, geschützt vor lüsternen Katzen, die eisigen Winterstürme verdämmern, dann besinnt sich Rosettchen auf ihre Pflichten und geht zwischen den altersgrauen Balken und Wänden auf Mäusejagd. Von Woche zu Woche wird es stiller hinter den Brettern.

Oft liegt Vater auf der federgepolsterten Ofenbank, und Rosettchen schnurrt zufrieden auf seinem Bauch. Hin und wieder knackt es in den Dielen. Aber Rosettchen weiß das sehr wohl vom Mäusehuschen zu unterscheiden. Plötzlich stockt ihr Schnurren, die gelben, klaren Augen richten sich nach irgendeiner Zimmerecke, und mit einem Satz ist sie dort.

Die Wichtigste von uns allen ist Pauline. Denn ohne sie könnten wir hier oben gar nicht leben, wo nur das Gras wächst, kein Getreide, kein Gemüse, kein Obst. Sie ist eine kleine, braungraue Gebirgskuh mit schwarzer Nase und hellen Beinen, die Vater vor Jahren mit Bedacht unter dreißig Kühen eines großen Bauern ausgesucht hat.

Eine Kuh zu kaufen ist nämlich ein viel schwierigeres Geschäft als ein Auto- oder ein Hauskauf.

Einen ganzen Morgen war Vater dabei, wie gemolken wurde, hat die Milchkontroll-Listen studiert, und heute ist uns die ganze Gegend hier oben auf Pauline neidisch. Wir haben unsere liebe Mühe, sie durchzufüttern. Denn unsere Wiese ist nicht groß, nur ein paar Tagewerk. Da heißt es aufpassen, daß wir das Gras dreimal im Jahr schneiden können und daß es immer trocken und duftig hereinkommt. Manchmal hat es doch nicht gereicht, dann mußten wir unsere Kuh zu einem Bauern bringen, und Schmalhans war Küchenmeister. Pauline ist eigentlich ein geselliges Tier. Wenn sie im Sommer draußen herumläuft, müssen wir sie anpflöcken, denn sonst trollt sie sich zu ihren braunen Schwestern auf den fremden Wiesen, und die Nachbarn schimpfen, weil sie ihr Gras mit abweidet. Von Oktober bis in den Mai, sieben lange Monate, steht Pauline allein im Stall. Allerdings hat sie gleich neben ihrem Kopf ein Fenster mit Doppelscheiben und kann ins Tal hinaussehen. Früh, wenn die Großmutter zum Melken kommt, hält Pauline den Kopf ganz tief, denn dann erscheint auch Strupp, der Dackelmann, um sie zu begrüßen. Die flinke, schwarze Dackelnase und das breite, saubere Maul der Kuh kommen ganz nahe zusammen und beriechen sich. Am Vormittag, während die Stube gelüftet wird, liegt Strupp gern bei Pauline, denn ihr Körper ist warm und gemütlich. Die Kuh ruht auf einer Seite, und zwischen ihren eingeschlagenen Beinen ist Strupp friedlich eingekuschelt, so daß man ihn kaum sieht. Strapp, das putzige kleine Dackelmädchen, darf sich das nicht erlauben. Pauline droht ihm mit den Hörnern, wenn es nahe kommt, und schlägt aus. Denn Strapp ist ein böser Kläffer, und Pauline liebt Ruhe und Beschaulichkeit.

Wenn es im Frühjahr die ersten Male auf die Wiese geht, wird allerdings auch sie übermütig und tobt mit den Dackeln herum. Dann trägt sie den Schwanz steil in die Luft und saust in riesigen ungeschickten Galoppsprüngen ums Haus. Das Dackelvolk kläfft dazu, daß einem die Ohren gellen, und versucht, sie in die Haken zu kneifen. Manchmal wärmt sich auch Murr, der Sumpfbiber, bei Pauline. Er wird sogar von dem frechen Strupp respektiert. Ein leises Murren des Bibers, und Strupp geht stillschweigend, als hätte er nur mal nach dem Rechten sehen wollen, wieder aus dem Stall. Pauline ist so etwas wie eine gütige Nährmutter für uns alle. Selbst die Hühner wollten eine Zeitlang aus ihr Nutzen ziehen und setzten sich ihr einfach auf den Rücken, um sich ihre dünnen Füße warm zu halten. Aber das war gar zu frech von ihnen. Der gutmütigen Pauline machte es zwar nichts aus, ob Erich, der Hahn, mit seinen vier Frauen auf ihrem Rücken die Köpfe unter die Flügel steckten. Aber die Großmutter legte Wert darauf, Paulines Rücken spiegelglatt und glänzend zu halten. Sie mußte Erichs Spuren wegwaschen und striegeln, und seitdem ist das Hühnervolk aus dem Kuhstall verbannt.

Unsere beiden Dackel kläffen nur, aber sie beißen nicht. Erich, der schöne bunte Italienerhahn, meint offenbar, er müsse die Rolle des Hofhundes übernehmen. Er weiß genau, wer nicht ins Haus gehört, und greift jeden Fremdling wütend an. Gottlob, daß keine Damen mit seidenen Strümpfen zu uns kommen, denn Erich kann ganz gehörig beißen und hacken. An den derben Bauernhosen richtet er allerdings nicht viel aus. Wenn der Briefträger wieder einmal vier bis fünf Tage nicht zu uns gekommen ist und wir ihn auszanken, dann hat er zur Ausrede, wir sollten erst mal unseren Hahn an die Kette legen! Er hat immer einen Stock bei sich, um Erich abzuwehren, und wenn er sich glücklich bis in unsere Stube durchgekämpft hat, dann sitzt der Hahn frech draußen auf dem Gartenzaun und kräht ins Tälchen hinaus, als wollte er verkünden: Dem hab ich's mal wieder gegeben!

Winterbesuch im Tierhäuschen

Draußen schneit es seit gestern wieder. Der Wald, der in den letzten Wochen die weißen Wiesenflächen düster umgrenzte, hat sich hell überzuckert und grüßt jetzt wie ein freundliches Märchenreich herüber. Immer tiefer versinken Zäune und Büsche im Schneemeer. Der Bach am Haus sieht hier und da daraus hervor und gluckert heimlich. Die weite Schneefläche steigt unmerkbar, aber unaufhaltsam. Schon hat sie die unteren Scheiben der kleinen Fenster zur Hälfte zugedeckt. Noch kein Fuß hat sie verletzt, so weit man sehen kann, und tagelang noch werden wir, abgeschnitten von aller Welt, in unserem kleinen Häuschen hausen wie in einer kleinen gemütlichen Arche, die in einem verzauberten, weichen Meer aus Watte schwimmt.

Strupp, der Dackelmann, ist zu Vater auf die Ofenbank gesprungen. Er hat eine besondere Art, sich mollig einzukuscheln. Mit der Schnauze bohrt er sich zwischen Decke und Körper, schafft sich etwas gewalttätig Raum, indem er sich zweimal um sich selber dreht, und läßt dann nur die schwarze Nase und die dunkelbraunen Augen hervorsehen. Seine Pfoten liegen in Vaters Hand, sie sind noch kalt von den Dielen. Wenn Vater mit dem Fingernagel die feinen Haare zwischen seinen Zehenballen bewegt, dann zuckt er kitzlig im Halbschlaf zusammen. Auf einmal knurrt er: Strapp, das langhaarige Dakkelmädchen von fünf Monaten, will auch herauf. Sie winselt, denn sie schafft den Sprung noch nicht allein und muß hochgezogen werden. Strapp hat wieder eine andere Lieblingsstelle, sie schiebt sich langgestreckt zwischen Vaters Arm und seinen Körper, das Köpfchen liegt in seiner Achselhöhle, und bald fallen auch ihr die großen Kinderaugen zu. Im Kachelofen summt der Kessel, Tannenzapfen knacken in der Glut...

Der Dackel Strupp ist ein jähzorniger kleiner Mann. Vor einem Jahr war er mit zum Einkauf drüben im Dorf, und wie es so unerfahrenen Waldhunden aus einem Einödhäuschen ergeht, glaubte er, mit einem Auto anbinden zu können. Er wurde nicht überfahren, aber er bekam einen Schlag vom Kotflügel, daß er sich in der Luft überschlug und beiseite geschleudert wurde. Am ganzen kleinen Körper zitternd, die Augen verdreht, daß man das Weiße sah, blieb er liegen. Blut strömte ihm aus Nase und Mund. Wir wollten ihn nicht allein sterben lassen und nahmen ihn auf dem Handwagen mit nach Hause. Dort bekam er Krämpfe, daß der Körper auf den Dielen in die Höhe geworfen wurde. Frauchen schlief bei ihm in der großen Stube und glaubte, daß er jeden Augenblick seinen letzten Schnaufer tun würde. Aber gegen Morgen schleppte er sich mit schlaffgelähmtem Hinterteil an das Milchschälchen und begann das erstemal zu trinken. Seitdem hat er sich ganz langsam wieder erholt. Aber ein Halsgelenk muß verstaucht oder ein Halswirbel angebrochen gewesen sein: Sein Kopf blieb schief. Manche Hunde sehen uns mit schiefgelegtem Kopf bittend an, wenn sie etwas haben wollen. Diese Kopfstellung hat Strupp jetzt immer.

Vielleicht liegt es an Strupps Verletzung, vielleicht ist er aber auch etwas verwöhnt und eigensinnig geworden, weil wir ihn Wochen und Monate umhätschelt haben. Jedenfalls nimmt er sich jetzt mancherlei uns gegenüber heraus. Wenn er bei jemandem auf dem Schoß liegt und noch nicht Lust zum Aufstehen hat, dann kann

er knurren und gar beißen, sofern man ihn dazu nötigen will. Es genügt, daß ihm die Kinder eine Grimasse ziehen oder mit der Hand auf ihn zufahren – schon saust er keifend und tobend vor Wut auf sie los und möchte ihnen die Strümpfe zerreißen. Wer seinen Ärger zeigt, wird aber besonders gern geneckt. So hat sich Strupp zu einem richtigen kleinen Wüterich entwickelt. Frauchen allerdings, die ihn nie neckt, darf ihn selbst aus dem süßesten Nachmittagsschlummer wecken.

Die kleine Strapp steht der Welt noch vertrauensseliger gegenüber. Eben hat Rosettchen, die dreifarbige Katze, auf dem Kachelofen ausgeschlafen. Sie dehnt und reckt sich, sperrt gähnend ihr rosiges Mäulchen auf, streckt den Schwanz steil in die Höhe und federt dann mit einem Satz auf die weißgescheuerten Dielen. Vater setzt Strapp auch auf den Boden. Strapp kennt noch keine Altersverdrießlichkeit, sie ist aus dem friedlichen Schlummer heraus gleich zum Spielen begeistert. Mit drolligen kleinen Sprüngen hüpft sie auf Rosettchen zu und bleibt mit schiefgelegtem Kopf erwartungsvoll dicht vor ihr stehen. Die Katze hat eigentlich irgend etwas anderes im Sinn, aber es hilft ihr nichts. Strapp stürzt auf sie los, wirft sie um und faßt mit den spitzen Milchzähnchen in das dichte Fell der Kehle. Dann schüttelt das Dackelkind den Kopf hin und her, als ob es schon erwachsen wäre und ein Kaninchen gefaßt hätte, das es totwürgen will. Die kleinen Zähnchen sind nadelscharf, Vater weiß es aus Erfahrung, wenn Strapp sich beim Schuhausziehen seine Füße zum Gegner aussucht. Aber die große Katze miaut zwar leise und schmerzlich, begnügt sich jedoch, den Quälgeist mit weichen Pranken, ohne gezückte Krallen, abzudrängen. Sofort ist er wieder über sie her, umarmt mit den kurzen Pfoten ihren Vorderkörper, läßt dann wieder los, rennt zurück, bellt sie mit seinem hohen Kinderstimmchen an, beißt sie in den buschigen Schwanz und läßt sich daran mitschleifen. Die Katze zieht sich in einen Winkel unter der Bank zurück und wehrt die übermütigen Angriffe mit den Pfoten ab. Als es gar zu viel wird, springt sie auf einen Stuhl und fängt an, sich zu putzen. Hier ist Rosettchen für Strapp unerreichbar. Das Dackelchen springt zwar, ganz außer sich vor Spielbegeisterung, immer wieder in die Höhe, kann ihr aber höchstens ins Gesicht schlecken. Strupp hat sich, auf Vaters Brust liegend, diesen Katzenkrieg eine Weile schläfrig mit halbgeöffneten Augen angesehen, dann tut er ausnahmsweise mit. Ihm ist die kleine Strapp nicht gewachsen. Er saust so wild um sie herum, daß der Fleckenteppich zu einem wüsten Knäuel zusammengeschoben wird und das Dackelkind sich schließlich in demütiger Ergebenheit auf den Rücken wirft und die Beinchen nach oben hält.

Mit der gemütlichen Sonntagsnachmittagstunde im stillen, eingeschneiten Waldhäuschen ist es aus. Auch Flocki, das rotbraune Pflegekind Rosettchens, kommt von der Gardinenstange herunter und tut mit.

Rosettchen hat im letzten Frühjahr keinen Mann gefunden. Da hat sich die Mutterliebe in ihrer dreifarbigen Katzenbrust einem jungen Eichhörnchen zugewandt. Eines Tages brachte sie es aus dem Walde mit, vorsichtig trug sie das Köpfchen zwischen ihren scharfen Raubtierzähnen. Weil sie ja keine Milch hatte, um den Pflegling zu nähren, haben wir mit Paulinens Milch nachgeholfen und den Findling mit Rosettchen gemeinsam bemuttert.

Den ganzen Sommer über hatte Flocki bei uns gelebt. Auch als wir dann Haselnüsse suchen gingen, hatte er uns begleitet. Und die Bäume und Büsche hatten ihm so gut gefallen, daß er immer seltener mit uns zurück nach Hause kam. Was für Unmengen Haselnüsse gibt es bei uns im Walde! Und wie wenig davon können wir einsammeln! Die ganzen letzten Sommerwochen haben wir uns gefreut, wie die Büsche am Waldessaum oben auf dem Rechtisberg ansetzten, wie ein Nußpärchen im grünen Röckchen neben dem anderen saß und sich vom Spätsommerwind wiegen ließ. Aber die Nüsse waren immer noch weiß und weich. Als sie endlich ihre braunharte Schale bekommen hatten, da war es vorbei mit der Herrlichkeit. Die grünen Hülsen lagen unten, und wo noch eine Nuß drin steckte, da war sie taub und faul. Die Eichhörnchen wußten besser, wann die Nüsse reif geworden waren. Sie sind schließlich Fachleute dafür. Sie hatten wohl täglich die Haselnußbüsche, die ja ihr Besitz sind, untersucht, wie ein Bauer im August jeden Morgen eine Ähre zerreibt, um zu sehen, ob die Körner reif und fest sind. Und dann hatten sie schnell abgeerntet, ehe Leute wie wir ihnen zuvorkommen konnten.

Wenn unser Flocki nicht mit uns auf die Haselnußsuche gegangen wäre, wir hätten wohl gar keine bekommen. Er fand noch hier und da einen vergessenen Busch, einen nicht abgeernteten Zweig und holte die braunen Zwillinge vom dünnsten Geäst herunter, das sich unter seiner Last fast bis zur Erde neigte. Wir knackten die Nüsse zwischen Steinen. Das konnte der kleine Kerl nicht, und trotzdem hatte er sie schneller auf als wir. Er nahm sie mit seinen kleinen Händen an den Mund und schabte mit den langen, feinen Schneidezähnen eine Rille hinein. Erst dachte ich, er schabt die harte Hülse einfach durch die Rille in zwei Teile. Aber die Mühe brauchte er sich nicht zu machen. Er schliff nur ein kleines Loch in die Hülse, drückte dann die dicht zusammenstehenden beiden langen Schneidezähne des Unterkiefers hinein, spreizte die Zähne auseinander, und knack, war das Verließ zerplatzt. Es gibt eben auch in der Natur keinen Panzer, der nicht von einem Pfiffigen gesprengt werden kann.

Wenn Flocki satt war, trug er die Nüsse auf die Erde, grub schnell mit den Pfötchen ein Loch, stopfte sechs, sieben Nüsse hinein und deckte das Versteck wieder zu. Wer weiß, wie die Eichhörnchen diese Verstecke im Winter unter Tannennadeln, Laub oder gar Schnee wieder finden mögen? Wir mußten aufpassen wie die Luchse, wo Flocki seinen Schatz verbarg, um ihn sofort wieder herauszuholen. Hatten wir zwischendurch nur den Rücken gedreht, dann waren die Nüsse verschwunden. So aber konnten wir noch ein Säckchen voll nach Hause tragen.

Eines Tages, als wir Flocki schon wochenlang nicht mehr zu Gesicht bekommen hatten, hörten wir, daß ein Bauer in dem Weiler hinter unserem Kirchhof ein Eichhörnchen gefangenhielt. Ein Verdacht tauchte bei uns auf, und Klaus, der Zehnjährige, fuhr mit dem Rade hin. Wirklich, der Bauer hatte das Eichhörnchen beim Holzholen im Walde unseres Tales gefangen. Es hatte sich an den Rucksack mit dem Frühstück gewagt, den er beim Holzaufladen beiseitegelegt hatte, und er hatte einfach seine Jacke darüber geworfen. Kein wirklich wildes Eichhörnchen läßt sich auf diese Weise fangen! Das Tierchen saß in einer Kiste; durch ein Loch, das mit Drahtgeflecht zugenagelt war, konnte man es drinnen rumoren sehen. »Nimm dich in acht, das Viehzeug beißt ganz niederträchtig!« warnte der Bauer. Aber als Klaus es anredete und mit »Flocki« lockte, da drängte es sein Näschen durch das Drahtgeflecht. Obwohl der Bauer wieder warnte, steckte Klaus den Finger durch, und siehe da, das Eichhörnchen ließ sich streicheln und kraulen. Kein Zweifel, das war Flocki! Der Bauer wollte es nicht hergeben, denn ein Sommerfrischler hatte ihm fünf Mark dafür geboten. Doch Klaus wußte mit Bauern umzugehen. Er bat und quälte nicht lange: Er fing an, über das Wetter zu reden, über das Vieh, über die Hühner, über die Tauben. An Tauben hatte der Bauer Gefallen. Tauben sind hier oben selten, denn es gibt zuviel Habichte und Raubzeug, die sie wegfangen. Der Bauer hatte ein paar gewöhnliche, blaugraue Feldflüchter unter dem Stalldach. Klaus schilderte ihm seine Koburger Silberlerchen in verlockenden Farben, und siehe da, der Bauer schlug schließlich selbst vor, ein Paar gegen das Eichhörnchen zu tauschen. Er wollte sogar noch dreißig Pfund Futter dazugeben. Schweren Herzens ging Klaus auf den Tausch ein. Flocki wurde zurückgeholt, und das Taubenpaar wanderte drei Täler weiter. Wir waren traurig mit Klaus zusammen, wenn jetzt der Hahn Erich morgens seine vier Frauen zum Futternapf führte und oben vom

Dach nur zwei Tauben im surrenden Flug heruntergeschwebt kamen.

Aber eines Morgens waren es plötzlich wieder vier. Das Taubenpaar war zurückgekommen. Der Bauer, der, wie die meisten hier oben, wenig von Taubenhaltung verstand, hatte gedacht, sie würden sich einrichten, wenn er sie vierzehn Tage eingesperrt hielt. Tauben kann man aber in der Nachbarschaft nur dann umgewöhnen, wenn sie noch nicht flügge sind, oder alte Tauben, wenn man sie erst frei fliegen läßt, sobald sie im neuen Schlag Junge haben. Nach vierzehn Tagen kam der Bauer wieder vorbei und durfte sich die Koburger Silberlerchen zurückholen, nachdem er nochmals zehn Pfund Getreide als »Futtergeld« geliefert hatte. Auch dann kamen die Silberlerchen wieder zurück, und dabei blieb es. So hatte Flocki noch dazu beigetragen, Erich und seine vier Frauen mit Futter zu versorgen.

Wir haben nicht viel Haselnüsse aus unserem Säckchen selber geknackt. Es machte uns viel Spaß, in jede Tasche ein paar davon zu stecken und sie dann von dem rotröckigen kleinen Wintergast durchsuchen zu lassen. Wie turnt Flocki mit lustigen Sprüngen um Vater herum und hakt seine Krallen in seine Lodenjoppe, als ob Vater ein alter Eichbaum wäre. In die Westentasche steckt er seine Pfötchen, in die Jackentasche verschwindet schon der ganze Kopf und der Oberkörper, und in die innere Brusttasche fährt das kleine Persönchen samt dem langen, buschigen Schwanz. Dort macht es sich Flocki gemütlich, und wenn wir bei den Mahlzeiten sitzen, sieht von Zeit zu Zeit das kluge Köpfchen mit den possierlichen Büscheln auf den Ohren neben dem Schlips heraus, um von der Gabel auf der Fahrt vom Teller nach dem Mund seinen Zoll einzufordern.

Flocki wird nicht bei uns bleiben. Denn außer unserer Nährmutter, der gutmütigen Pauline, ist niemand bei uns angebunden. Und auch die nur im Sommer. Unser kleines verstecktes Häuschen hat unter seinem altersgebeugten Dach Tiere und Menschen eingeschlossen, die nur zu froh sind, einen rauhen Gebirgswinter darin zu überdauern.

Hasenbesuch

Es ist Nacht, und Vater sitzt am Fenster. Die Stube ist dunkel, außen sind ringsum die Läden vor die kleinen Fenster geklappt, aber das Mondlicht dringt silbrig durch die Scheiben und schneidet sechs helle Vierecke aus der Finsternis auf den weißgescheuerten, von vielerlei Füßen bucklig getretenen Dielen. Es ist ganz still im Haus, alles schläft, selbst die Katze auf der Ofenbank.

Draußen ist eine unwirkliche Welt. Ein seltsam großer Mond leuchtet goldgelb am Waldsaum über den Fichten, die sich in dicke Schneekapuzen eingemummelt haben. Die schneeverdeckten Wiesenflächen schimmern eigenartig bläulich-weiß. Kein Wind regt sich, kein Schneestäubchen fällt zu Boden. Vater sitzt im Lehnstuhl und wartet.

Von seiner Hand aus läuft ein Faden durch ein Löchlein im Fensterrahmen hinaus zur Tür des Vorgartens. Vater will hier einen Dieb fangen, der sich schon seit Tagen an unserem Grünkohl gütlich tut. Man könnte ihn aussperren, ihm den Zugang zu unserem Winterkohl verwehren. Aber Vater hat guten Grund, die nähere Bekanntschaft dieses Hasen zu machen. Der ist gar zu frech.

Eine Vogelscheuche, die wir aus Strohwischen und einer alten Jacke zurechtgestopft haben, hat ihm nur ein paar Tage Furcht eingeflößt. Als man Strupp als Wache ans Haus gebunden hatte, ließ sich der Löffelträger überhaupt nicht beirren. Er hoppelte gemütlich vorbei, obwohl der Dackel aus vollem Halse schimpfte und seinen Geifer dabei fast auf den Frechling spritzte. Vater ist dann nach einem frischen Schneefall seiner Spur nachgegangen. Sie führte schnurstracks nach dem Waldsaum am Berghang hin. Strupp arbeitete sich an einer zwanzig Meter langen Schnur mit seinen kurzen Beinen mühsam durch den Schnee voraus. Er zog vor Jagdeifer am Halsband, daß er keuchte. Aber wie es nicht anders zu erwarten war, hörte die Spur plötzlich auf, und Strupp mußte umkehren und weitersuchen. Da Vater ja nicht mit der Nase am Boden, sondern mit den Augen von ziemlich hoch oben suchte, konnte er ihm helfen. Etwa zehn Meter vor dem blinden Ende der Spur hatte der Hase einen gewaltigen Satz nach seitwärts gemacht, und von dort gingen die Trittlöcher weiter, in den weißen Schnee gestanzt wie mit einem Schnittmusterrädchen auf einem großen Papierbogen. Oh, das war ein alter Hase, der es faustdick hinter den Löffeln hatte! Die Sackgasse wiederholte sich noch vier-, fünfmal, sehr zu Strupps Ärger.

Dann hörte sie mitten in einer tiefverschneiten Kuhweide endgültig auf. Kein hingeduckter Hase war zu sehen, sondern die kurze Seitenspur führte in ein Loch. Freund Lampe hatte sich hier gestern abend einschneien lassen und dann einen Tunnel schräg nach oben gegraben. Vater nimmt Strupp auf den Arm, hält ihm die Schnauze zu und geht seitwärts bis auf ein, zwei Meter an das Loch heran. Lampe hält aus; Vater macht einen Riesensatz und springt genau auf den Eingang. Doch

im selben Augenblick bricht der Hase einfach nach oben durch die Schneedecke. Vater fällt hin, Freund Langohr schleppt noch ein, zwei Sätze lang große Schneemassen auf dem Rücken mit und ist dann verschwunden. Mit einem Sprung ist Strupp entwischt und fegt mit schlakkernden Ohren hinterher. Durch das Fernglas verfolgt Vater, wie Strupp auf den üblichen blinden Spuren wieder zurücklaufen muß. Und dann hört die Jagd überhaupt ganz auf. Strupp verläßt die Spur und fängt an, in Kreisen in der Gegend herumzusuchen. Als Vater näherkommt, sieht er erst, wie frech unser Kohlräuber ist. Er sitzt noch keinen Meter hoch in einer niedrigen Astgabel, und es stört ihn gar nicht, daß Strupp mehrmals unmittelbar unter ihm hindurchläuft, ohne seine Witterung bekommen zu können. Es ist fast ein Zufall, daß Vater den Hasen da im Baum entdeckt hat, wo ihn kein Mensch suchen würde. Sonst wäre auch ihm, wie Strupp, diese Hasenspur ganz verhext vorgekommen, weil sie einfach in einer unberührten Schneefläche endet, während ihr Urheber spurlos verschwunden ist. Ein Schneeball bringt Freund Lampe wieder in Fahrt, und Strupp fährt kläffend hinterher. Vater macht sich nicht die Mühe, nachzulaufen, sondern geht zurück zu dem Schneebett, in dem sie den Hasen zuerst aufgestöbert haben, und wartet. Jeder Hase, der gehetzt wird, macht einen großen Kreis und kehrt wieder zum Ausgangspunkt der Jagd zurück. Übrigens geht das fast allen Tieren so, und auch uns Menschen, wenn wir ziellos herumlaufen. Wir Säugetiere sind nun einmal so konstruiert, daß wir nicht geradeaus laufen können, sondern immer im Kreis irren. Wirklich, nach zwanzig Minuten sieht Vater unseren Hasen wieder über eine Schneewehe kommen. Er hat es gar nicht so sehr eilig, sondern hoppelt gemächlich auf seiner Spur zurück, macht den üblichen Seitensatz und richtet sich dann in aller Ruhe auf. Es sieht possierlich aus, dieses kleine graue Männchen im weißen Schnee.

Sichtlich gespannt sieht er dem Hunde zu, der sich weiter unten übereifrig auf der Spur abhetzt. Tatsächlich: der Hase geht sogar vor Neugierde ein paar Schritte auf den Hinterläufen! Zum Schluß hoppelt er ganz gemütlich nach seinem alten, zerstörten Schneebett und setzt sich da behäbig zurecht. Als Strupp heran ist, geht die Fahrt von neuem los.

Aber der Dackel war jetzt so außer Atem, daß er Vater, ganz gegen Gewohnheit, sogar auf den ersten Pfiff folgte. Nein, so konnten wir den Gast unseres Küchengartens nicht überlisten...

Also saß Vater jetzt mitten in der Nacht am Fenster auf der Lauer. Da draußen in dem bläulich-silbernen Märchenreich schien die Zeit stillzustehen. Der Himmel über dem leuchtenden Schnee war nicht schwarz wie in den anderen Nächten, sondern merkwürdig farbig, ein sattes Blau mit gelben Sternpunkten. Ein heller Stern stand genau über der Spitze der verschneiten Tanne. Um die Zeit zu vertreiben, schloß Vater bei unbewegtem Kopf die Augen und zählte bis zweihundert. Als er wieder aufmachte, war der Stern ein ganzes Stückchen von der Tannenspitze weggerückt. Zum erstenmal wurde Vater so richtig bewußt, daß die Sterne am Himmel ebenso ihre Kreisbahn ziehen, aufgehen und untergehen wie Sonne und Mond. Auch die Eisblumen an den kleinen Fensterscheiben wuchsen zusehends.

Da endlich kam ein dunkler Fleck über die Schneefläche! Obwohl Vater nie ein Jagdgewehr in die Hand genommen hat, konnte er jetzt das spannende Kribbeln fühlen, das jeden Jäger auf dem Anstand befällt. Es war nicht nur ein Hase, es war eine kleine Hasengesellschaft von dreien oder vieren. Natürlich, jetzt, Ausgang des Winters, gab es ja Hasenhochzeit! Voran hoppelte eine Häsin, und ihr setzte ein Rammler heftig zu. Mal floh sie, dann holte er sie bald wieder ein. Aber wenn er gar zu zudringlich wurde, dann richtete sie sich auf und backpfeifte ihn mit den Vorderläufen. Immer näher kam die lustige Gesellschaft. Jetzt waren die zwei sich bald einig. Doch plötzlich fuhr ein Nebenbuhler dazwischen, die beiden Kämpen gingen auf die Hinterläufe und boxten und ohrfeigten sich, daß die Wolle nur so flog. Inzwischen verschwand das Hasenfrauchen mit einem andern im Dunkel. Jetzt war Vater die Zeit nicht mehr lang. Er hörte das Hasenvolk auf dem freigekehrten Boden unter dem Fenster mit den Hinterläufen Signal klopfen wie die Kaninchen. Dann wieder zogen sie weiter, über eine Schneewehe hinweg. Vater ging zum Ofen und schob ein paar Scheite in die Glut, daß der rote Feuerschein über die bunten Bauernteller an der Wand zu tanzen begann, während die Katze Rosettchen auf der Bank im Schlafe wohlig schnurrte. Als Vater leise wieder ans Fenster kam, saß der Hase im Kohl! Mit einem Ruck zog Vater die Gartentür zu, aber der Hase ließ sich bei der Mahlzeit nicht stören. Als Vater mit einem Sack in das Gärtchen kam, fuhr er wild am Zaun entlang. Aber bald war er eingewickelt. Wenn man so einen Mümmelmann mit einer Hand am Ohr und Nackenfell und mit der andern an den Hinterbeinen hat, dann merkt man erst, was für Kraft in ihm steckt und wie er sich zu drehen und zu winden weiß. Doch in der Stube wurde der kleine Gefangene merklich ruhiger. Vater machte Licht und besah sich seine Ohren. Wirklich, er hatte im rechten Löffel ein kreisrundes Loch! Das war der Grund, weshalb Vater seit Tagen darauf aus war, ihn zu fangen. Es war unser Leo. Im Mai vor zwei Jahren hatten wir zwischen den Büschen hinterm Bach zwei wenige Tage alte Häschen beobachtet, die – wie das bei Hasen nun einmal üblich ist – von ihrer Mutter tagsüber allein gelassen worden waren. Auf einmal hüpfte eine kleine schwarze Amsel auf den einen Hasen zu und pickte nach ihm. Das kleine Häschen machte ein Männchen und trommelte mit den winzigen Läufen zurück. Man sah gleich, es war nur ein Spiel zwischen den beiden. Die Amsel flog in niedrigen Kurven um das Hasenkind herum, und das drehte sich immer mit ihr. Dann wieder stellte sich der schwarze Vogel auf, und das Häschen hoppelte auf ihn zu, wobei die Amsel immer im letzten Augenblick in die Höhe flog, so daß ihr Spielgefährte unter ihr durchlief. Bald war das Handvoll Häschen allerdings müde und machte nicht mehr mit. Zwei Krähen, die von einem hohen Zaun aus auch Zuschauer gewesen waren, hatten allerdings andere Gefühle bei diesem Spiel. Ihr Überfall kam schnell, zu schnell, als daß wir helfen konnten. In ein paar Augenblicken war das unschuldige Tierchen totgehackt. Wir waren froh, daß wir das Brüderchen noch retten konnten, welches sich ganz flach und regungslos hingeduckt hatte. Es hatte bequem in einer Hand Platz und kam, wie so mancher Findling, in unser einsames Häuschen. Wir haben es mit einem winzigen Saugfläschchen genährt, haben ihm Eichenrinde in der Milch gekocht und waren nur froh, daß kleine Hasen auch bei ihren Müttern sehr rasch selbständig werden und zu essen anfangen. Der winzige Leo lief uns wie ein Hund nach. Noch lange, nachdem seine Mutter in diesem Sommer schon den dritten und vierten Wurf Kinder gesetzt haben mochte, war Leo bei uns. Ehe er sich später ganz in die Freiheit verlor, hatten wir ihm mit dem Papierlocher die kleine Öffnung ins Ohr gestanzt.

So wußten wir, daß der freche Gemüseräuber unser Leo war. Das war auch der Grund, warum er jetzt wie andere Hasen wild und scheu herumfuhr und beim kleinsten Schreck besinnungslos gegen die Wand schoß. Als Vater ihn am nächsten Morgen aus der Kiste holte, gab es bei den Kindern einen Freudentanz. Selbst die Dackel Strupp und Strapp, die draußen so blutgierig tun, besahen sich ihn nur achtungsvoll aus der Entfernung. Ob sie ihn wohl wiedererkannten? Leo jedenfalls hatte keine Scheu vor ihnen. Am Nachmittag sprang er auf die Lederbank, und wo ihm die Dackel im Wege waren, da trommelte er ihnen mit seinen kurzen Vorderbeinen auf den Rücken, bis sie Platz machten. Leo hatte noch nichts von seinen alten Gewohnheiten eingebüßt. Weil er mit Hunden und Katzen zusammen aufgewachsen war, aß er auch Wursthaut und Fleischstückchen – Lekkerbissen, die er sicher zwei Jahre lang nicht gekostet hatte.

Rosettchen allerdings, die dreifarbige Katze, war von seinen Trommelangriffen nicht begeistert. Sie suchte sich plötzlich einen neuen Schlafplatz aus, der für Hunde und Hasen unerreichbar war: unseren buntbemalten Schrank. Allerdings war er zu hoch für sie, um mit einem Sprung hinaufzukommen. Wenn ein Stuhl in der Nähe stand, nahm sie ihn als willkommenes Sprungbrett. Sonst aber wartete sie, bis einer von uns daran vorbeiging, kletterte blitzschnell, wie an einem Baum, an uns empor und war mit einem Satz von unseren Schultern oben. Besucher, welche diesen Trick Rosettchens nicht kannten, sind manchmal von diesem Stoß auf ihre Brust oder ihren Rücken erschrocken.

Ja, Leo tyrannisierte bald Hunde und Katze. Selbst Gobo, der Graupapagei, wagte nicht mehr, aus seinem stets offenen Käfig auf den Stubenboden herabzuturnen, solange Leo in Sehweite war. Wenn Gobo »dreibeinig« – nämlich unter Zuhilfenahme seines krummen Schnabels – durch die Stube hoppelte, dann sprang Leo plötzlich über die Dielen und knallte mit den Hinterläufen so auf die Bretter, daß der Papagei kreischend vor Schreck auf den nächsten Stuhl flatterte. »Sei doch still, sei doch still!« zeterte er, weil wir ihm das immer zurufen, wenn er zu schreien anfängt.

So war es uns recht, daß Leo nach ein paar Tagen wieder das Weite suchte. Aber wir haben ihm das Gartentürchen offengelassen und haben es ihm nicht verübelt, daß er sich gelegentlich an unserem Kohl gütlich tat. Schließlich gehörte er ja zu unserer Familie. Und

Leo ist so freundlich, seine weichfelligen Liebsten und seine langohrigen Nebenbuhler nicht mitzubringen. Bald werden auf den ersten freigetauten Plätzen die gelben Himmelsschlüsselchen vorbrechen. Dann wird es Leo nicht mehr nach unserem Kohl ziehen. Wir werden lange Zeit nichts mehr von ihm hören und sehen und wollen nur hoffen, daß Luchs und Habicht und Kugel ihn verschonen, bis er uns im nächsten Jahr zu Weihnachten wieder besuchen kommt.

Klaus holt den Arzt

Klaus war allein im Hause. Die Eltern waren mit dem Fahrrad zum Bürgermeister gefahren; er sollte in der Zwischenzeit die Rechenaufgaben machen, die ihm der Vater aufgeschrieben hatte. Durch die kleinen Fenster leuchteten die letzten Schneewehen grellweiß im strahlenden Schein der Gebirgssonne herein. Dicht neben ihnen zitterten die ersten buttergelben Schlüsselblümchen im Frühlingswind. Sie standen schon mitten im frischen Grün, denn hier oben kommt unter dem Schnee kein graues vertrocknetes Gras vom letzten Herbst zum Vorschein, sondern gleich ein frischer, saftiger Weideteppich. Klaus zog es nach draußen an den angeschwollenen Bach. Aber zuerst wollte er seine Schularbeiten machen.

Oben im Heuboden bellte einer der Hunde. Wahrscheinlich schimpfte er einer Maus nach, die rechtzeitig im Loch verschwunden war. Nein, die Dackel waren bei der Mäusejagd nicht so erfolgreich wie die Katze. Jetzt ging das Bellen in Winseln über. Da war etwas nicht in Ordnung. Klaus fühlte sich kameradschaftlich verpflichtet, nach dem Rechten zu sehen.

Auf der obersten Stufe stand Strapp, das Dackelkind, und konnte nicht wieder herunter. Gestern war sie mit großer Mühe zum erstenmal zwei Stufen vom Flur aus emporgeklettert. Sie hatte sich dabei überkugelt, aber offensichtlich hatte ihr diese neu erworbene Kunst Spaß gemacht, und sie hatte es heute mit Eifer und Nachdruck zwei ganze Treppen hinauf geschafft. Herunter geht so etwas allerdings viel, viel schwerer, wenn man kurze Dackelbeine hat und deswegen leicht einen Purzelbaum schießen kann. Klaus wurde als Helfer in der Not mit stürmischen Freudensprüngen begrüßt, er trug den schwindlig gewordenen Bergsteiger eiligst wieder ins Erdgeschoß.

Denn dort schimpfte der Briefträger aus Leibeskräften: »Holt euch doch selber eure Post ab! Das ist ja lebensgefährlich bei euch. Erst muß ich eine Stunde bis hinters Ende der Welt laufen, dann geht der Hahn wie ein Wilder auf mich los, und jetzt auch noch das Dackelvieh!«

Der gute alte Rist war nicht so sehr deswegen empört, weil der Dackel Strupp das Haus verteidigte, das war schließlich Recht und Pflicht jedes Hofhundes. Briefträger Rist ärgerte sich, weil Strupp so »undankbar« war. Eben hatte er noch vor der verschlossenen Haustür gesessen und winselnd darum gebeten, daß der Briefträger sie ihm aufklinkte. Als das geschehen war, hatte Strupp sich plötzlich verwandelt: Im Augenblick, da er die Schwelle überquert hatte und im Flur stand, fühlte er sich als Hausbesitzer und fuhr dem alten Mann wütend an die Hosen. Daß jemand so schnell Gutes mit Bösem vergilt und seine Gesinnung mit der Türschwelle wech-

selt – so was hatte den alten Rist mit Recht aus dem Häuschen gebracht.

Nun, Klaus wußte, wo Vater das Mittel stehen hatte, mit dem man den Briefträger besänftigt. Er holte aus dem großen offenen Geschirrschrank hinter bunten Tellern die dickbauchige Flasche hervor, auf der eine gelbe Postkutsche von zwei flotten Rößlein gezogen wird. Das klare Kirschwässerlein ging den braunen Postpferdchen genau bis an die Ohren. Als Vater Rist über den Wiesenpfad wieder verschwand, stand es ihnen aber nur noch bis an den Bauch.

Oben, an der Treppe, winselte schon wieder jemand. Strapp hatte sich inzwischen wieder mit Feuereifer an das neue schöne Spiel »Treppensteigen« gemacht. Warum auch soll so eine Handvoll Dackel einsehen, was wir Menschen alle zu spät oder nie lernen. Wir quälen uns von Stufe zu Stufe, lassen uns keine Zeit zum Verpusten, bis wir an die nächste gehen, und wenn wir endlich einmal oben stehen, dann reiben wir uns die Augen, und zu spät wird uns klar: wir sind atemlos eine muffige, manchmal nicht ganz saubere Heubodentreppe hinaufgeklettert, während draußen Himmelsschlüssel läuten und die Sonne lacht.

Klaus war kein Philosoph. Er begnügte sich, Strupp und Strapp zur Tür hinauszuwerfen, damit endlich Ruhe im Hause wurde. Dann setzte er sich wieder auf die alte, ledergepolsterte Bank an den Tisch, auf dem viele, viele Scheuerbürsten und Wischtücher das weiche Holz weg-

gerieben hatten, so daß die Masern hart und kantig wie Rippen aus der Platte standen. Klaus rechnete. Draußen murmelte und gurgelte der Bach und sog die letzten Schneewehen von den Almen in sein unruhiges Bett. Plötzlich wurde es düster in der Stube, als ob jemand die Holzläden vor die Fenster geklappt hätte. Eine riesige schwarze Wolkenwand hatte sich über den Rechtisberg geschoben, und ein Frühlingsgewitter begann zu grollen. Grell leuchtete ein bläulichfahler Blitz in die Stube und ließ die Bäumchen draußen vor dem Fenster für einen Augenblick gespenstig hervortreten. Der Donner folgte fast sofort. Nachher war es unheimlich still in der düsteren Stube. Die alte, buntbemalte Standuhr tickte auf einmal ganz laut. Klaus konnte sich gar nicht entsinnen, sie sonst überhaupt gehört zu haben. Es hörte sich an wie die tappenden Schritte eines Wesens mit Holzbeinen, das unerbittlich immer näher kommt. Draußen war der Himmel ganz eisengrau, als ob es schon dämmerte. Ging da nicht jemand ums Haus, sah da nicht in der Nebenstube ein Gesicht zum Fenster herein?

Die Eltern hätten längst zurück sein müssen. Klaus wurde es unheimlich in der alten Bauernstube, die doch sonst immer sein gemütlicher Hafen nach all den Irrfahrten in Wald und Wiese gewesen war. Er überlegte, bei wem er Schutz suchen könnte vor dem dunklen Grollen da draußen und der unbehaglichen Stille im Hause. Im Kuhstall bei Pauline! Sie war so groß, ruhig und behäbig. Wirklich, als er die Stalltüre aufmachte, drehte sie ihren schönen, breiten Kopf nach ihm herum und sah ihn fast mütterlich mit ihren großen dunklen Augen an. Er kauerte sich zwischen die Krippe und ihre kräftigen Vorderfüße und ließ es ruhig geschehen, daß sie ihm mit der langen, hornigen Zunge über das Gesicht strich. Dumpf mahlten ihre starken Zähne über ihm das Heu. Hier bei Pauline war er sicher und geborgen. Nichts in der Welt hätte ihn jetzt in die Stube mit der grausam tickenden Uhr zurückgebracht. Schon gedämpfter verrollten draußen die letzten Donnerschläge hinter den Bergen.

Pauline war anders als sonst. Sie atmete merkwürdig schnell. Von Zeit zu Zeit krümmte sie den Rücken und krampfte sich zusammen, als ob sie Bauchschmerzen hätte. Die Schwanzgegend war ungewöhnlich eingefallen. Klaus begann zu überlegen. Pauline sollte in vierzehn Tagen ein Kalb bekommen, hatten die Eltern gesagt. Er selbst hatte vor neuneinhalb Monaten geholfen, sie nach dem Dorf zum Stier zu führen. Es würde diesmal nicht glatt gehen, hatte der Vater gesagt, und er wollte lieber auf alle Fälle den Tierarzt holen. Denn die Kuh war hier oben die Nährmutter der ganzen Familie, ohne sie konnte man kaum so hoch oben in den Bergen leben, wo kein rechtes Gemüse mehr wächst und wo es nicht einmal mehr Getreide und Kartoffeln gibt, sondern nur Gras und Heu. Und außerdem liebten sie alle Pauline und freuten sich auf das Kind, das sie bekommen sollte.

Klaus drückte seinen Kopf an die linke Brustseite der Kuh, so wie er es beim Tierarzt gesehen hatte. Der Blondkopf verschwand fast in der Grube hinter den mächtigen Schultermuskeln. Schlug das Herz nicht ganz unregelmäßig? Fühlten sich die Ohren nicht viel kälter an als sonst? Klaus wurde es sehr ernst zumute. Er war jetzt allein hier, die Eltern hatten ihm das ganze Haus anvertraut und auch die Tiere drin. Er mußte dafür sorgen, daß alles gut abging mit Pauline. Nachdenklich strich er ihr über den Rücken, unter dessen Haut er das knochige Rückgrat fühlte. Wieder wölbte sich der große

Leib, und ein Zittern durchfuhr ihn. Klaus wußte, was er zu tun hatte. Er schloß die Haustür sorgsam ab und legte den Schlüssel in den Winkel unter der Hühnertreppe. Draußen war es inzwischen wirklich dunkel geworden. Aber die Wiesen schimmerten noch hell, und Klaus schritt munter unter den Bergahornen dahin, in denen der Föhn rauschte. Dunkel drohte vor ihm der Wald. Der Junge wußte, daß er sich dort weniger mutig fühlen würde, aber er mußte durch, ins Dorf zum Tierarzt. Ihm fiel die Spukgeschichte ein, die ihm die Bäuerin vom Einsiedelhof erzählt hatte, von dem Gehängten, der an einem Ast am Waldsaum hing und der in seinem weißen Hemd mit den leeren Augenhöhlen jedesmal an einem näheren Baum schwankte, wenn man sich umsah. Unruhig suchten Klausens Augen die hohen, dunklen Bäume am Waldsaum ab. Dann aber ging er mutig in die Finsternis hinein. Seine Füße spürten den glattgefahrenen Radfahrweg, er konnte nicht abweichen. Langsam gewöhnten sich die Augen an die Finsternis. Stand dort nicht schräg vor ihm eine unbewegliche Gestalt zwischen den Bäumen? Unwillkürlich stockte dem Jungen der Herzschlag, und dann begann es ihm wild im Halse zu pochen. Kehrt machen? Aber dann würde der Unbekannte erst merken, daß er sich fürchtete. Klaus mußte vorbei, er mußte Pauline helfen. Als er auf der gleichen Höhe mit der unheimlichen Gestalt war, begann er zu pfeifen, irgend etwas, das Lied, das der Papagei Gobo immer pfiff: »Im Grunewald, im Grunewald ist Holzauktion...« Dabei schielte er seitwärts, ohne den Kopf zu wenden. Gottlob, es war nur ein Wacholderbusch, der so menschenähnlich aussah.

Es kamen noch mehr solche schmalen, hohen Büsche. Obwohl Klaus nun genau wußte, daß es nur Gebüsch war, grauste ihm doch vor ihnen. Er wagte nicht, den Kopf umzudrehen, und er hatte doch das Gefühl, daß hinter diesem oder jenem Baum hervor ihm jemand mit dem Knüppel eins überschlagen könnte. Es war so viel passiert in letzter Zeit hier oben in den Wäldern. Ein paar Kilometer vor dem Dorf kam das Schwerste: die Stelle, an der vor zwei Jahren der Viehhändler umgebracht und ausgeraubt worden war. Klaus nahm sein Herz in die Hand und raste, wie vom Teufel gehetzt an dem Gedenkkreuz vorbei. Dann endlich tauchten die ersten Häuser auf, Licht schimmerte durch die Herzen, die in die Läden eingeschnitten waren. Beim Bürgermeister hatten die Eltern das Gewitter abgewartet; der Tierarzt ließ das Pferd aus dem Stall holen, und bald rollte man zu vieren zurück. Wie harmlos war jetzt der Nachhauseweg.

Im Stall lag ein nasses Kälbchen neben Pauline, ein Kuhkalb, wie Vater gleich feststellte. Dieselbe rauhe Zunge, die vor ein paar Stunden Klaus getröstet hatte, leckte jetzt das nasse Fell des Kleinen trocken. Zitternd und wackelnd streckte es die überlangen Beine vor, fiel wieder zur Seite, stand dann mit den Hinterbeinen hoch, während der Kopf noch im Stroh lag. Schließlich stand das Kälbchen steifbeinig und breit gespreizt da wie ein Holztierchen. Wenn man es anschob, taumelte es ungeschickt gegen die Stallwand. Aber bald stieß es mit dem Köpfchen gegen die Mutter und stolperte immer wieder zwischen ihre Vorderbeine. Dort stieß es die Schnauze gegen das Fell der Mutter.

Als Klaus seinen Milchbrei mit eingebrocktem Brot gelöffelt hatte und noch einmal in den Stall ging, trank der Neuankömmling schon an dem Euter Paulinens. »Tapfer bist du heute gewesen, Klaus!« sagte der Vater, als der Junge im Bett lag und Rosettchen neben ihm auf dem Kissen schnurrte. Klaus aber malte sich noch aus, daß sie nun zwei Kühe in ihrem Tierhäuschen haben würden und was Gobo und die beiden Dackel, der Biber Murr, Erich, der Hahn und seine Frauen dazu sagen würden, und wie man Paulinens kleine Tochter taufen sollte. Dann tat er noch einen tiefen, glücklichen Seufzer und schlief ein.

Der Bücherschrank

Ganz oben steht ein kleiner Planwagen, schon dicht unter der weißgetünchten, alterskrummen Decke der Wohnstube unseres Tierhäuschens.

Es ist eine winzige Spielerei, wer weiß, wer sie einmal angefertigt hat. Lang muß es schon her sein, denn an diesem Wägelchen werden die Bremsen noch einfach mit einem langen Knüppel statt einer Kurbel gezogen, und die Verspannung der großen Plane ist ganz anders als heutzutage. Sogar der Futterkasten und der Holzeimer zum Tränken der Pferde – in Fingerhutgröße – sind nicht vergessen. Solche Lastwagen sind vor Jahrhunderten einmal, als es noch keine Eisenbahnen gab, über unsere zerfurchten Landstraßen gefahren.

Dieses Wägelchen, das Ziel sehnsüchtiger Blicke aller Bauernkinder, steht oben auf dem großen breiten Bücherschrank. Mit ihm kann man es auch in der entlegensten Waldhütte gemütlich aushalten. Hier oben plätschert es manchmal Tage und Tage, so daß man bis zur Stalltür schnell am Haus entlang läuft. Dann sitzen wir alle um unseren großen Bücherschrank auf der alten le-

dergepolsterten Ofenbank oder im Ohrensessel und schmökern. Sollten die Zeitungen ruhig Tage und Wochen alt sein, bis sie sich zu uns herauf verirren – wir sind gar nicht so neugierig darauf, was jetzt im Unterland passiert. Wenn der Vater aus dem dicken Märchenbuch vorliest, wie das Schwesterchen das Brünnlein rauschen hört: »Wer aus mir trinkt, wird ein Reh! Wer aus mir trinkt, wird ein Reh!«, dann ist das für Bienchen, das vierjährige Mädchen, nicht irgendein Brünnlein, sondern der Bach, der draußen durch die regennassen Wiesen plätschert. Und das Reh, das abends aus dem Walde kommt, ist ein verzaubertes Brüderlein. Den Krähen, die drüben auf dem Koppelzaun hocken, hat einmal eine böse Fee Nesselhemden übergeworfen und sie aus schönen Jünglingen in krächzende Vögel verwandelt. Bienchen (eigentlich heißt sie Sabine) erwartet voll Zuversicht, daß unsere Kuh Pauline eines Tages ihr graubraunes Fell abwerfen und als gemütliche Bauersfrau aus dem Stall kommen wird. So sind alle unsere Tiere für die Kinder Kameraden und Spielgefährten.

Was für ein Schatz ist das große Konversationslexikon mit seinen zwölf stolzen, goldgepreßten und rotgeschmückten Lederbänden. Eine ganze Welt steckt darin, ob man nun mit dem Finger eine Reise um Afrika machen oder nachsehen will, woher das seltene Gewürz Koriander stammt, das die Mutter aus dem Kirchdorf zum Pfefferkuchenbacken mitgebracht hat. Eine große bunte Tafel ist drin mit zwanzig Hühnerrassen und eine mit Schweinen, Pferden und Rindern. Sogar unsere Tauben, die Koburger Silberlerchen, die Klaus verkauft und ein paarmal wieder zurückbekommen hat, haben wir drinnen entdeckt.

Ganz unten neben Mutters zwei Kochbüchern steht der Schlipf, in dem Vater nachsieht, wieviel Zentner Thomasmehl und Kainit auf die Wiese kommen müssen oder wie lang unser Heu eigentlich reichen soll.

Auch die Katze Rosettchen liebt den Bücherschrank. Sie hat sich ganz oben neben dem Planwagen ein Plätzchen eingerichtet, denn dort unter der Zimmerdecke ist es am wärmsten, und außerdem ist man sicher vor fremden Hunden, die zu Besuch kommen.

Er hat seine besondere Geschichte, dieser Bücherschrank, und er war gar nicht leicht zu bekommen.

Unsere anderen Möbel haben wir uns in Bauernhäusern aus den Dachkammern geholt. Standen da im Einsiedelhof zwei alte, schön geschweifte Bauernbetten auf einem Heuboden, braun gestrichen, zwar mit Strohsäken, aber noch mit streugefüllten Auflagen darauf aus selbstgesponnenem, derbem Leinen. Wer weiß, wer alles schon drin geboren und gestorben sein mag. Vater hat die Betten, einen schönen alten, blankgescheuerten Tisch und einen buntbemalten Schrank mit der Jahreszahl 1807 auf den Flügeltüren für, sage und schreibe, dreißig Mark gekauft. Die Einsiedelbäuerin, bei der hochmodern polierte Möbel in den niedrigen Stuben prunken, hat sich hinterher ins Fäustchen gelacht, daß sie für das alte Gerümpel noch so viel Geld bekommen hat, obwohl ihr Mann es schon lange zerhacken und in den Ofen stecken wollte...

Vater, der früher einmal ein großer Pferdemann und Reiter gewesen ist, hatte bei dem Rößlein eines Nachbarn eine krebsige Stelle am Huf gefunden und ausgeschnitten. Seitdem fragen ihn die Bauern, die hier oben meistens nur Rinder halten und von Pferden nicht viel verstehen, öfters um Rat. So ging er einmal mit dem Doktor, der eine bettlägerige Frau besuchen wollte, zum Hochberg, weil dort ein neues Pferd stand, das nicht fressen wollte. Es ist gar nicht so einfach, bei einem Pferde die Zähne zu besehen. Denn eine Pferdmaulhöhle ist tief; wenn man die hintersten Backenzähne anfassen will, muß man die ganze Armlänge hineinstecken. Weil das dem Gaul nicht angenehm ist, beißt er gern zu und kann einem dann leicht Muskeln und Knochen zerquetschen. Um das zu verhindern, gibt es ein Mittel. Man fährt mit zwei Fingern seitwärts hinter den Schneidezähnen, wo sonst der Zaum liegt und wo ein Pferd eine Zahnlücke im Kiefer hat, in das Maul und zieht die Zunge seitwärts heraus. Damit einem die speichelnasse Zunge nicht entgleitet, müllert man die Hände vorher mit Kleie ein. Hat der Gaul erst einmal seine dicke Zunge seitwärts zwischen den Zähnen liegen, dann kann er nicht mehr zubeißen, so gern er es auch möchte. Denn er beißt sich zuerst auf die Zunge, und das tut auch einem Pferde weh.

Das Pferd auf dem Hochberg hatte messerscharfe Spitzen auf den Zähnen, die schon Zunge und Backenschleimhaut zerschnitten hatten. Vater stach sich fast in die Finger, als er dem Tier in das Maul faßte. Er raspelte die Zacken mit einer halbmeterlangen Feile, die er schon vorsorglich mitgenommen hatte, sorgsam weg. Natürlich gab es einen Schnaps und Kaffee hinterher, denn bei der Milchsuppe, welche die ganze Familie mit sieben Löffeln aus einer einzigen großen Schüssel löffelte, mochte er nicht mithalten. Am Tisch saß der zahnlose, weißstoppelige Großvater und schnitzte sich einen Bilderrahmen zurecht mit einer kühn geschlungenen Umschrift: »Zum ewigen Gedenken«. Wenn die Buchstaben versilbert wären, dann sollte da das Hochzeitsbild seines Sohnes hineinkommen. Stolz zeigte er noch ähnliche Kunstwerke, alle gleich scheußlich, aber alle ebenso mühevoll und geschickt an langen Winterabenden zurechtgeschnitzt. Was hätten das für schöne Dinge werden können, wenn noch die alten, seit Jahrhunderten vererbten Bauernmöbel und Geräte dagewesen wären, an die er sich hätte halten können. Der Bauer und die Bäuerin lachten mitleidig über Großvaters Künste, denn bei ihnen zählen nur Dinge, die Geld einbringen.

Vater hatte einen guten Gedanken. Großvater sollte ihm einen schönen Bücherschrank schnitzen. Der alte Mann mochte nicht ja sagen, denn einmal tut das ein Bauer überhaupt nicht so schnell, und dann wendeten Sohn und Schwiegertochter gleich ein, was der Vater alles für wichtige Arbeiten zu tun hätte. Aber wir gingen an den nächsten Abenden gleich mit Begeisterung dran, die Vorlagen für die Seitenteile unseres Bücherschrankes zu entwerfen. Was sollte darein geschnitzt werden? Unsere Tiere natürlich. Vater mußte seine Zeichenkünste anstrengen. Ganz links oben kam die Katze Rosettchen hin mit einem Fisch im Maul, weil sie immer Forellen aus dem Bach holt, und drunter, durch eine Blätterranke verbunden, unser Eichhörnchen Flocki. Klaus wünschte sich einen Elefanten, Bienchen wollte den Hasen Leo sehen, wie er aus unserem Garten den Grünkohl maust. Erich, der Hahn, wurde stolz krähend verewigt, aber leider war nur für eine seiner Hennen Platz. Sie legte gerade ein Ei, und damit man sah, daß das im Winter geschah, zeichneten wir einen Schneemann daneben. Das sollte, wie die Kinder meinen, die Bauern ärgern, denn wir sind stolz darauf, daß unsere Hühner, als einzige in der ganzen Gegend, auch im Winter legen. In der Mitte jeder Seite mußte Vater die vier Anfangsbuchstaben von Vater, Mutter, Klaus und Bienchen setzen und die Jahreszahl.

Dann kamen noch drei Hasen hin, die mit den Köpfen so zusammengefügt waren, daß jeder von ihnen zwei Ohren hatte, obwohl im ganzen nur drei Ohren da waren. Vater hatte das einmal auf einem Wirtshausschild entdeckt. Murr, der Biber, wurde nicht vergessen. Aus einem Naturkundebuch malten wir einen Orang-Utan ab. Und zum Schluß setzte Vater in die Zweige noch ein Paar von den Mäusen, die im Herbst immer in den Holzwänden unseres Tierhäuschens herumhuschen. Damit es nicht wie eine Menagerie aussah, sondern wie ein hübsch geschnitzter Schrank, wurden alle diese Tiere schön mit Blättern und Ranken umsponnen.

Als der Vater dem alten Hochbergbauern die beiden großen Pausbogen mit den vielen Tieren über den Tisch rollte, da wußte er schon, daß der Alte so einer Versuchung nicht widerstehen konnte. Er redete zwar noch, daß er kein richtig trockenes Holz dafür hätte, aber es zuckte ihm schon in den Fingern. Nach ein paar Wochen lagen unsere Tiere in Holz geschnitzt vor uns. Zwar war der Biber von einer Ratte wirklich nicht zu unterscheiden, der Elefant hatte seinen Rüssel in vielen Schlingen ineinandergerollt wie ein Gartenschlauch, der Orang trug ein paar spitze Ohren auf dem Kopf, und der Igel sah wie ein großer Knödel aus. Aber Bauernfäuste sind nun einmal keine Künstlerfinger, und wir kannten unsere Tiere schon wieder. Der Dorfschreiner wollte nicht recht daran, denn er hatte genug neue Fensterläden, Türen und Betten zu bauen. Doch als wir ihm die schön geschnitzten Seitenstücke brachten, da lockte es ihn doch, mal wieder ein richtiges schön geschnitztes Handwerker-Meisterstück zu machen. Und so haben wir dann eines Tages auf Rists Leiterwagen das Prachtstück heimgefahren. Das ganze Kirchdorf hat zwar den Kopf geschüttelt, weil der Schrank nicht einmal gebeizt und poliert war und so altmodisch, aber wir haben mit Triumph seinen Bauch mit Büchern gefüllt. Ganz unten welche, die als Blitzableiter dienen, wenn die Bauern unsere guten Bände ausleihen wollten. Diese Bücher voll Mord- und Liebesgeschichten, früher zu einer Mark als Reiselektüre auf Bahnhöfen gekauft, sind voll Fettflecken und Eselsohren. Aber sie haben uns manches Stück Käse als Dank eingebracht, denn wir sind in diesen Zeiten arme Häusler hier oben, und wenn die Kuh Pauline trokkensteht und keine Milch gibt, dann ist Schmalhans bei uns Küchenmeister.

Für den Dackel Strupp stecken diese Bücher in der untersten Reihe noch voll besonderer Geheimnisse. Er glaubt nämlich seinen eigenen Schatten fangen und festhalten zu können. Wenn abends die Lampe brennt, dann steht er mit gerunzelter Stirn da und starrt auf sein schwarzes Abbild am Fußboden. Er bellt es an, springt vor und entrüstet sich darüber, daß es ihm wegläuft, ja unter dem Tisch überhaupt nicht mehr zu sehen ist. Das kann er stundenlang so treiben. Klaus hat eine neue

Abart dieses Spiels ausgedacht. Er hält einen Handspiegel hinter die Lampe und läßt Strupp hinter dem hellen Schein in der Stube herjagen. Immer verschwindet dieses lautlose, flinke, kopflose Tier hinter der untersten Reihe der Bücher. Strupp war einmal so in Kampfbegeisterung, daß er sich hinter die Bücher gestürzt hat wie in einen Karnickelbau und sie mit seinen kurzen Pfoten herausscharrte. Wenn er allein ist, stellt er sich manchmal vor den Schrank und verbellt viertelstundenlang die alten, zerlesenen Geschichten. Er kann das Rätsel dieses Schrankes nicht ergründen.

Drei ungebetene Gäste

Abends sitzen wir um den großen Ecktisch mit der blankgescheuerten Eichenholzplatte. Mutter stopft, Klaus liest ein Buch, und Bienchen malt mit einem riesigen Zimmermannsbleistift lauter Schafe auf ein weißes Brettende, das sie an der Hobelbank auf dem Boden gefunden hat. Vater bastelt. Er baut ein Spielzeug, das er als Soldat bei russischen Bauern gesehen hat. Auf eine runde Holzscheibe leimt er vier kleine Holzhühnchen fest, ihre Köpfe mit den roten Kämmen können auf und

nieder wippen. Von jedem Kopf geht ein Bindfaden durch ein Loch in der Scheibe nach unten zu einem freihängenden Holzklotz. Wenn man die Scheibe mit dem Klotz in kreisende Bewegung bringt, dann zieht das herumschwingende Gewicht oben die Köpfe nacheinander nach unten, so daß die Hühnchen eines nach dem andern Futter aufzupicken scheinen. Ein Huhn bekommt einen größeren Kamm und schöne runde Schwanzfedern. »Das ist unser Hahn Erich«, erklärt Bienchen sofort. Sie ist entzückt über den kleinen Hühnerhof, den ihr Vater gemacht hat. Und Vater ist stolz auf seine Bastelkünste.

Bienchen zieht mit ihren pickenden Hühnern überall herum und wird von den Nachbarkindern beneidet. Sie ist noch klein und dumm und in Kindertauschgeschäften unerfahren. Eines Tages kommt sie vom Schafehüten mit den Hochbergjungen wieder und hat ihre Hühner eingetauscht – gegen ein Nest voll junger Amseln. Vater ist empört, und Mutter macht dem kleinen Mädchen klar, wie jetzt die Amseleltern nach ihren Kindern suchen werden. Bienchen weint, aber das Unglück ist geschehen. Drei hungrige, innen ganz gelb gefärbte riesige Schnäbel recken sich uns zirpend entgegen, wenn wir nur in die Nähe des Nestes kommen. Wer Kinder raubt, muß sie auch ernähren.

Gottlob hat Vater eine Mehlwurmzucht zum Forellenangeln. Die muß nun gehörig vermehrt und vergrößert werden. Auch getrocknetes Vogelweichfutter ist noch in einer großen Tüte da. Es wird in kleinen Kostproben mit Paulinens guter Milch angerührt. Unsere Finger sind zu dick für die kleinen hungrigen Schnäbel. Vater macht eine spitze Holzpinzette zurecht, und damit wird jedes aufgesperrte Mäulchen so lange vollgestopft, bis die hungrigen Schnäbel zuklappen, die Köpfchen herabsinken und die nackten, häßlichen kleinen Dinger mit ihren stachligen Federkielen zufrieden einschlafen.

Aber so ein Vogelkind ist nach zehn Minuten schon wieder hungrig. Mutter kann nur im Husch die Klöße formen oder das Geschirr abwaschen und muß dann schon wieder ins Zimmer zu der Vogelkinderstube laufen. Vater hat das ganze Nest mit Inhalt in einen hübschen Kasten aus Birkenrinde gesetzt, den er neben dem Fenster an die Wand hängte. Besonders das dickste von den drei Geschwistern ist gar nicht satt zu kriegen. Wir alle gehen nur noch mit Blechbüchsen ins Freie und bringen Ohrwürmer, Asseln, Käfer, Schmetterlinge und allerlei Kleinzeug nach Hause.

Als unsere Ziehkinder Federn hatten und sich von nackten Ungeheuern in richtige Vögel verwandelt hatten, stellte sich heraus, daß sie alles andere als Amseln waren, sondern Fliegenschnäpper, graue Fliegenschnäp-

per. Bald machten sie auch Flugversuche und saßen beim Mittagessen auf dem Tellerrand. Hier bettelten sie mit Flügelschlagen und Schnabelaufsperren so lange, bis sie bekamen, was sie sich in den Kopf gesetzt hatten. Ihre Gelüste waren recht verschieden. Mal war es ein Stück Kartoffel, mal wieder eine Kartoffelschale, mal ein Tropfen Suppe, dann wieder ein Stück Nudel oder Grünzeug, das wir ihnen aus der Suppe herausfischen mußten. Sich selber zu nehmen, was sie wollten, darauf kamen sie nicht. Sie wollten gefüttert werden, so recht verwöhnte kleine Nesthäkchen.

Nach vier Wochen gab es den ersten Kummer. Der dicke kleine Vielfraß von den dreien fiel plötzlich mitten im Flug aus der Luft herab und war tot. Es war wohl ein Herzschlag. Wir alle waren traurig, weil uns der Kleine so ans Herz gewachsen war, und es gab Kindertränen. Bienchen warf Mutters Knöpfe aus der Pappschachtel, polsterte diese mit Watte aus und machte einen Vogelsarg daraus. Unter der kleinen Tanne neben dem Gemüsegärtchen wurde das Dickerchen begraben. Die Katze Rosettchen, Murr, der Biber, und die beiden Dakkel mußten dabei sein. Klaus machte das Grab recht tief und legte einen schweren Stein über den Sarg, denn wer wollte Strupp und Strapp, den Dackeln, trauen? Schon am Nachmittag bekamen sie Hiebe, weil sie das Holzkreuz verschleppt hatten.

Die beiden Überlebenden Ruppi und Däumling wollten nicht mehr im Nest bleiben. Sie suchten sich den Rand unseres Spiegels zum Standsitz aus, und das bekam ihm schlecht. Vater nagelte daher ein Stöckchen vor das Stubenfenster, und dort saßen die zwei, wenn sie nicht gerade rasche Rundflüge durch das Zimmer machten. Oh, sie konnten fliegen, die sperlingsgroßen, zierlichen, grauen Vögelchen! Mitten im Flug fingen sie die vielen Fliegen weg, die aus dem Kuhstall in Mutters Küche kamen. Wie ein Kolibri konnten sie im raschen Schwirrflug auf einem Punkt stehenbleiben. Die Fliegen hatten ein schlechtes Leben, denn auch wir bekamen eine unglaubliche Geschicklichkeit, fünf oder sechs von ihnen mit einem raschen Griff der geöffneten Hand an der Wandfläche entlang zu fangen. Ruppi und Däumling legten nämlich noch immer Wert darauf, von uns gefüttert zu werden. Wir haben einen Höchstrekord von 232 Fliegen in zwanzig Minuten aufgestellt. Mutter war mit dieser Einquartierung sehr zufrieden. Als wir den Spiegel zu einer Generalreinigung hinters Haus stellten, gab es eine ganz unerwartete Aufregung bei Erich, dem Hahn, und seinen Frauen. Erich tat sehr gespreizt und pickte auf dem glatten Steinfußboden Körner auf, die gar nicht vorhanden waren. Dann plötzlich ein wütender Angriff – Erich ging mit Sporen, Schnabel und Flügeln auf sein

Ebenbild los. Das war aber nicht minder mutig, und so ging der Kampf unentschieden weiter, bis beide langsam müde wurden, der Gockel vor dem Glas und der dahinter. Schließlich konnten wir den ausgepumpten Recken mit der Hand greifen und wegtragen. Vom Hauen und Stechen hatte er jetzt eine Weile genug. So begnügte er sich, stolz vom Zaune herab, immer in Sichtweite seines Gegners, unermüdlich zu krähen. Inzwischen äugten seine Frauen schüchterner in den Spiegel hinein.

Unter dem Stöckchen am Fenster wurde jeden Tag ein frischer Bogen Zeitungspapier ausgebreitet, und so hatten die blankgescheuerten, mit weißem Sand bestreuten Dielen kaum unter unseren Hausbewohnern zu leiden.

Die beiden Vögelchen sangen gern. Es war ein ganz feines, melodisches Singen, wie etwa ein Rotkehlchen im Schlaf singen würde. Besonders wenn der Wasserhahn tropfte oder in einem ganz dünnen Strahl lief, fingen sie an, ihr Liedchen klingen zu lassen. Denn unser Tierhäuschen hat in der Küche eine richtige Wasserleitung, was ich noch nicht erzählt habe. Wir sind sehr stolz darauf. Unser Wasser kommt aus einer eigenen Brunnenstube drüben am Berghang in einem Rohr unter unserer Wiese entlang und läuft in der Küche aus dem Hahn wie in einer Großstadt. Auch hinten an der Hauswand, neben dem Kuhstall, steht ein großer Holzbottich aus einem ausgehauenen Baumstamm, und aufhörlich läuft ein Strahl klaren Wassers hinein. Es schmeckt gut, unser eigenes Quellwasser, viel besser als das gechlorte Leitungswasser in der Stadt. Im Winter dürfen wir den Hahn in der Küche nie zudrehen, weil es sonst einfriert. Vor ein paar Wochen war der Wasserhahn mitten in der warmen Jahreszeit leer. Klaus hat die Brunnenstube nachgesehen und einen kleinen Frosch entdeckt, der sich gerade in das Leitungsrohr eingeklemmt hatte. Aber bildet euch nicht ein, daß uns das Wasser deswegen nicht schmeckt! Wir machten uns Vorwürfe, daß Ruppi und Däumling in unserer Stube hausen sollten, während draußen die gelben Maiblumen und der Enzian in der Gebirgssonne leuchteten. Wir wollten unsere Vögel selbständig machen, damit sie Nester bauen und Kinder bekommen könnten. Also steckten wir Ruppi und Däumling in einen kleinen Käfig und nahmen sie mit nach der Wiese, die wir weit oben auf dem Rechtisberg gepachtet haben. Als wir das Türchen aufmachten, schwirrte Ruppi gleich davon und war verschwunden. Däumling aber kam nur zögernd heraus. Er blieb bei uns auf der Schulter oder auf dem Kopf sitzen und traute sich höchstens auf einen Zweig der nahestehenden Tanne. Nicht einen Schmetterling oder eine Fliege fing er selber, wir mußten uns für ihn bemühen. Als die Sonne hinter dem Hochberg verschwand und die Schatten immer höher bis zu unserer Wiese stiegen, ging Däumling von allein wieder in den Käfig. Nicht lange darauf schwirrte es, und Ruppi war wieder da. So machten wir das Türchen zu, deckten das leere Tuch von unserer Vespermahlzeit darüber und nahmen die beiden zurück nach Hause.

Sie wollten bei uns bleiben. Wenn auch jetzt den ganzen Tag die Fenster offen standen, es fiel ihnen nie ein, ins Freie zu fliegen. Vielleicht wäre es ihnen draußen doch besser ergangen, denn ein paar Tage später klemmte sich Däumling mit den Flügeln zwischen Mutters Stricknadeln, die ins Wollknäuel gesteckt waren. Er starb daran, wahrscheinlich auch an einem Herzschlag vor Aufregung. Ruppi wurde nun noch zutraulicher. Rief man ihn, dann kam er meistens sofort auf den Finger oder auf die Schulter geflogen. Wenn er übermütig war, flog er jedoch nur zwei, drei Kreise um den Rufenden herum und schwirrte dann zurück auf sein Stöckchen am Fenster. Allerdings brauchte man dann nur aus der Stube zu gehen, sofort kam er nachgeflogen, und man mußte aufpassen, daß man ihn beim Zumachen nicht mit der Tür erdrückte. Sobald man ihn anredete, antwortete er gern mit einem seltsamen Zucken von Flügeln und Schwanz zugleich. Wir haben draußen beobachtet, daß es alle grauen Fliegenschnäpper und alle Verwandten an sich haben.

Nur ungern ließen wir Ruppi zurück, wenn wir manchmal alle zusammen aus unserem Tierhäuschen weggehen mußten. Die Katze Rosettchen hatte zwar noch nie Miene gemacht, sich an unserem kleinen Pflegling zu vergreifen. Aber Katzen sind Katzen, deshalb ließen wir Ruppi ganz allein im Zimmer und sperrten die Türen sorgsam ab. Auch alle Vasen und Gefäße deckten wir zu. Kamen wir dann zurück und bogen auf den schmalen Pfad in unser Tierhäuschen ein, so sah oder hörte uns Ruppi schon. Er fing an zu zwitschern und zu singen, und das machte uns jedesmal viel Freude.

Eines Tages wurden wir nicht begrüßt. Als wir die Haustür aufschlossen, blieb es totenstill. Nur der Papagei rief uns sein Grüßgott entgegen. Uns wurde unheimlich, wir suchten die Stube durch und in unserer Verzweiflung auch die Küche, Flur und Schlafzimmer. Schließlich entdeckten wir einen Eimer Wasser, den wir in der Ecke hinter dem Ofen vergessen hatten. In dem Wasser schwamm ein Wischtuch. Ruppi war nicht ertrunken. Er lag auf dem Wischtuch ganz trocken, unbenetzt vom Wasser, aber er war tot. Das kleine, gar so lebendig schlagende Vogelherzchen hatte wohl den Schreck nicht überdauert.

Armer kleiner Ruppi. Nie wieder wirst du um unsere Köpfe schwirren, nie wieder wird jemand mit Flügelschlagen und aufgesperrtem Schnäbelchen auf unserem Tellerrand betteln. Das Stöckchen am Fenster bleibt leer.

Ein Löwe im Walde

Kennt ihr das Märchen von Schneeweißchen und Rosenrot? Von dem Bären, der im Winter die beiden Mädchen und die Großmutter besucht und sich von ihnen vor dem Kamin das Fell zausen läßt? Es ist das Lieblingsmärchen unseres Bienchens. Bienchen weiß genau, wo dieses Märchen spielt.

Wenn du drüben am Rechtisberge die schwellenden, grünen Alpweiden heraufsteigst und dabei die treppenförmigen Pfade benutzest, welche die weidenden Kühe sich treten, dann kommst du oben an einen Waldsaum, der besonders sicher und fest mit Stacheldraht abgezäunt ist. Denn hier soll sich kein Stück Vieh hinein verlaufen. Es könnte sein Tod sein. Hier an diesem Waldsaum beginnt das Märchenreich. Du gehst noch ein Stück geradeaus unter Buchen und Fichten, und plötzlich fällt eine Schlucht jäh und steil vor dir ab. Bienchen und Klaus kennen den Weg, auf dem man hinabsteigt. Aber die Bäume stehen hier so dicht, daß man das kleine Tal erst sehen kann, wenn man ganz unten ist. Nirgendwo, und wenn du tagelang läufst, findest du so mächtige Buchen, so turmhohe, schlanke Tannen. Denn niemand schlägt sie – wer wollte das Holz auch die steilen Wände heraufschleppen? Manchmal stürzt so ein Riese, hohl und altersschwach geworden, zu Boden. Düster und traurig ragen die mächtigen Wurzeln meterhoch in die Luft, und in seinem modernden Leib nisten sich Schlangen und Eulen ein. Die kleine Wiese um den Teich wird nie gemäht. Hier weiden nur Rehe und Hasen. Füchse haben in diesem Märchental ihren Bau und ein Dachs. Es mögen wohl manchmal Jahre vergehen, bis ein Mensch hier herabsteigt. Bienchen kann dir genau die Stelle zeigen, wo der dürre, kleine Zwerg mit dem Bart an seiner Angel hängengeblieben und von dem großen Fisch beinahe in den tiefen dunklen Weiher hineingezogen worden ist. Sie hat den kleinen, bösen Burschen selbst dort zappeln sehen. Bienchen kennt auch die Höhle unter einem abgestürzten rotgrauen Felsen, in welcher der gutmütige verwunschene Bär haust. Sie hört ihn manchmal brummen, aber er will nicht herauskommen.

Eines Tages aber liegt er wirklich da am Eingang. Es ist ein großes Tier, hellgelb, mit scharfen, stechenden Augen und dicken, schweren Tatzen. Bienchen ist ganz erschrocken, denn es hat ein schlechtes Gewissen. Es sollte zu den Hütekindern auf die Viehweide gehen und ist allein in das Märchental hinuntergeklettert. Der große Bär sieht so ganz anders aus als in Vaters Mär-

chenbuch. Er starrt Bienchen seltsam an, ohne mit einer Wimper zu zucken. Doch das Mädchen weiß ja, daß unter seiner Haut ein Königssohn in goldenem Kleide steckt und daß er reden kann, wenn er nur will. Es geht artig näher und sagt ihm seinen Namen und wo es wohnt, wie die Mutter es gelehrt hat. Der Bär antwortet nicht, er sieht dem Kind nur starr in die Augen.

Bienchen wird allmählich zutraulicher. Es kauert sich hin und versucht, dem schweigsamen Bären mit seinem Zeigfingerchen auf die Nase zu tupfen. Als es ganz nahe daran ist, spuckt das Untier aber ganz plötzlich, faucht und schlägt mit der großen Pranke nach dem Mädchen, so wie das die Katze Rosettchen zu Hause tut, wenn ihr ein fremder Hund zu nahe kommt. Bienchen fällt vor Schreck hintenüber und fängt bitterlich an zu weinen. Den Bären rührt das nicht, er bleibt wieder liegen und starrt das heulende kleine Mädchen an.

Kindertränen kommen schnell und sind auch rasch wieder getrocknet. Bienchen kommt auf den Gedanken, daß der Bär vielleicht Hunger hat. Sie zieht aus ihrer Schürze die Milchflasche heraus, die sie selbst zum Vesper austrinken sollte. Aber wie soll sie dem Bären die Milch geben? Aus der Flasche zu trinken wird er nicht verstehen. Und ein Schüsselchen hat Bienchen nicht da. Sie zieht erfinderisch eines ihrer Schühchen aus, gießt die Milch hinein und schiebt es dem ungezogenen Bären hin. Sieh mal an, der löffelt mit seiner großen rosa Zunge wirklich die weiße Flüssigkeit aus.

Inzwischen haben die Eltern Klaus auf die Suche geschickt. Er weiß, wo er sein Schwesterchen zu suchen hat. Aber als er die steile Schlucht ins Märchental hinuntersteigt, stockt ihm der Atem, wie er Bienchen dort unter dem großen überhängenden Felsen vor einem fremden Raubtier sitzen sieht. Einem Raubtier, das es hier oben und überhaupt bei uns doch gar nicht gibt! Klaus glaubt nicht mehr an Märchen. Er liest Karl May und technische Bücher. Aber einen Augenblick schwankt er doch in seiner Überzeugung, daß es Spuk und Zauber nicht gibt. Was kann das auch für ein Tier sein? Es ist so gelb wie ein Löwe, aber doch nicht gewaltig genug dafür, nur so groß wie ein Hund. Außerdem ist es nicht gleichmäßig gelb, sondern hat eine dunkelbräunliche, schwach erkennbare Fleckenzeichnung im Fell. Ein Panther wird es sein?

Klaus läuft eine Gänsehaut über den Rücken, nicht vor Angst, sondern vor Entschlossenheit. Was werden die Leute sagen, wenn er einen Panther erlegt hat? Dort im Gebüsch liegt noch eine alte knorrige Wurzel, ganz wie eine Keule. Klaus packt sie und geht langsam an Bienchen und das Untier heran. Es geht nicht auf ihn los, es sieht ihn nur an. Klaus faßt unauffällig mit beiden Händen die Keule. Doch da fällt ihm ein, daß er ja selber die Jäger und Schießer in den Büchern verachtet hat, ganz wie Vater. Es ist keine Heldentat, heute ein wildes Tier umzubringen, und wenn es selbst ein Löwe oder ein Adler ist. Klaus will selber später einmal Tierfänger werden oder Filmoperateur in Afrika, kein Mann, der mit Elfenbein, Löwenfellen oder Antilopenköpfen nach Hause kommt. So faßt Klaus einen Entschluß: Er muß den Panther einfangen, zähmen und ins Tierhäuschen schaffen.

Als er sich dem Panther nähert, spuckt und faucht der ihn genauso an wie vorher Bienchen. Klaus erschrickt wohl, aber er erkennt gleich, daß dieses Schlagen mit der krallenbewehrten Tatze keine Mordlust ist, sondern ängstliche Abwehr. So bleibt Klaus stehen, wo er ist, minutenlang, und wartet ab, bis das aufgeregte Hin- und Herfahren mit dem Schwanze aufhört, das er von Rosettchens bösen Launen kennt. Dann rückt er wieder näher, unmerklich, und kauert sich gleichzeitig langsam nieder. Nach einer Viertelstunde sitzt er neben dem Tier, ohne daß es bisher nach ihm geschlagen hat. Unaufhörlich redet er auf den Fremdling ein, so wie er zu Hause mit dem Biber Murr oder den Dackeln redet: »Sei schön ruhig, mein Gutes, ich tu dir ja nichts, ich mein's ja gut mit dir, ich will dich bloß streicheln!« Ganz langsam und sachte führt er die Hand in mäßigem Abstand über den Kopf hinweg. Die gelbbraunen Katzenaugen gehen mit ihr. Wieder eine Viertelstunde später berührt die streichelnde Hand zum erstenmal die Ohren mit den schwarzen Tupfen. Die große Katze bewegt wohl unwillig das Ohr weg, aber sie wehrt sich nicht. So hat Klaus bald gewonnenes Spiel. Nach zwei Stunden streichelt er den schönen Körper vom Hals bis zum Schwanz, er darf dem großen Tier vorsichtig von hinten über das Gesicht fahren, die langen Barthaare andrücken, über die geschlossenen Augen gleiten und es an der hellen Kehle kraulen. Nur wenn er an den Pranken entlang bis zu den Tatzen fährt, um die langen, jetzt eingezogenen Krallen zu untersuchen, dann zieht die große Katze ihre Füße weg, schlägt sie um und versteckt sie unter der Brust.

Die Vesperzeit ist längst vorüber, die Sonne ist über das Märchental weggewandert. Der Zwergenteich liegt schon im tiefen Schatten, und langsam steigt das Dunkel die Schluchtwand entlang. Die Kinder müssen nach Hause. Aber können sie ihren Findling zurücklassen? Klaus ist überzeugt, wenn er mit dem Vater zurückkommt, wird die schöne große Katze verschwunden sein, und niemand wird ihm glauben, daß er sie überhaupt gesehen hat. Aber wie wegbringen? Einen Käfig hat er nicht. In Afrika schlägt man in so einem Fall armdicke Bambusrohre ab und bindet sie mit Lianen zu einem Gittergehäuse zusammen, so steht es in den Büchern. Klaus hat keine Lianen, er hat nicht einmal ein Ende Schnur in seinen Jungentaschen, um es dem großen Tier um den Hals zu binden. Also hilft es nichts, er muß es tragen. Vorsichtig schiebt er seine beiden Hände mit spielerischem Streicheln in die Achselhöhlen der Katze und hebt sie an. Das Tier läßt es geschehen, doch als er es ganz hochzieht, faucht es und windet sich aus seiner Umklammerung wieder heraus. Fünf-, acht-, zwanzigmal macht Klaus den Versuch, und immer wieder entzieht sich der Findling seiner Umarmung. Aber Klaus bleibt hartnäckig, und schließlich gewöhnt sich der Pan-

ther daran, im Arm getragen zu werden. Klaus hält ihn vor dem Bauch, hat die Hände von hinten unter seinen Vorderbeinen durchgesteckt und vorn verschränkt. So schleppt er das Tier, das schließlich alles teilnahmslos über sich ergehen läßt, die Schlucht hinauf. Ein paarmal muß er absetzen, so daß der Findling auf allen vieren steht, aber er läßt dabei nicht los. Die Schweißperlen stehen ihm auf der Stirn. Wir haben schon mancherlei erlebt in unserem Tierhäuschen. Doch daß Klaus und Bienchen eines Tages einen jungen Löwen über die Wiese angeschleppt bringen, das haben wir uns nicht träumen lassen. Natürlich konnte das Löwenkind nur einem Schausteller oder einer Menagerie gehören, dem es beim Reisen auf der Landstraße irgendwie entkommen war; es hatte sich, wie es natürlich ist, in den Wald verkrochen und immer tiefer darin verloren. Löwen sind ja in jungem Alter zahm und zutraulich wie Hunde oder Katzen, weswegen sich manche Leute schon oft kleine Löwen aus dem Zoo ins Haus geholt und aufgezogen haben. Unser Findling mußte schon an Menschen gewöhnt sein, sonst hätte er sich nicht so umgänglich mit Kindern gezeigt. Sehr verwunderlich und märchenhaft war also, bei Tage besehen, Bienchens Entdeckung im Walde eigentlich nicht. Aber trotzdem war das eine Aufregung, als er in die Stube kam! Die Katze Rosettchen schaffte es plötzlich, von ganz allein auf den Bücherschrank zu kommen, und machte dort einen grausigen Buckel. Die Hunde verschwanden unter der Eckbank. Sie kläfften von ihrem sicheren Zufluchtsort aus, daß uns die Ohren gellten, und in den Pausen dazwischen sagte der Papagei Gobo immer wieder: »Grüß Gott!« Ein Löwe bei uns im Tierhäuschen! Es war wirklich wie ein Märchen. Nun, wir haben ihn zunächst einmal benannt, und zwar haben wir ihm den Namen Bärli gelassen, den ihm Bienchen in seinem Unverstand gegeben hatte. Dann kam die große Frage, wie wir ihn satt machen sollten. Milch hatten wir wohl, denn nach zwei Hungermonaten, in denen unsere Kuh Pauline trockengestanden hatte, war sie jetzt frischmelkend. Aber mit Fleisch war es bei uns nicht weit her. Denn ein Schwein können wir uns hier oben nicht leisten, weil bei uns keine Kartoffeln wachsen. Vater und Klaus sind Forellen fangen gegangen für das Bärli, sie haben sie mit den Händen im Bach unter den überhängenden Wurzeln gegriffen. Dann ist Klaus eineinhalb Stunden weit zur Försterei gelaufen und hat das Gescheide von einem Reh und einem Wildschwein geholt, die der Förster kurz vorher geschossen hatte. Oh, wie es Hunger hatte, das Bärli.

In der Nacht hat es gehörig rumort, obwohl wir unsere Tiere wohlweislich alle weggesperrt hatten. Trotzdem ist einer von den schönen, bunt bemalten Tellern entzweigegangen. Klaus mußte ihn am nächsten Tag kunstgerecht kitten. So haben wir dem jungen Löwen im Stall eine Behausung gemacht mit einem richtigen Gitter aus Holzknüppeln, durch das er auch zum Fenster hinaussehen konnte.

Tagsüber lief er aber frei herum. Er bekam ein Halsband und eine Leine, denn er interessierte sich brennend für unsere Hühner. Selbst Erich, der Hahn, hatte so einen Respekt vor ihm, daß er sich nicht auf ihn loszugehen traute. Bärli benahm sich ganz wie Rosettchen, nur daß er eben zehnmal so groß war. Er sah starr auf das Hühnervolk, schob sich dann auf dem Bauche näher heran, und mit einem Satz sprang er darauf zu und würde sie gepackt haben, wenn ihn nicht Klaus an der Leine festgehalten hätte.

Wenn man mit Bärli spazierengehen wollte, mußte man Geduld haben. Er ging wohl an der Leine, aber zunächst nur, wohin es ihm paßte. Alle fünfzig oder hundert Meter legte er sich hin, und weder Schimpfen noch Anheben noch Zerren brachte ihn dazu, weiterzugehen. Klaus wurde immer vertrauter mit ihm. Er legte sich zum ihm, den Kopf auf seine Schultern, und einmal fanden wir die beiden friedlich zusammen eingeschlafen. Klaus durfte ihm auch den gefährlichen Raubtierrachen aufmachen. Bärli hatte noch die Milchzähne. Sie waren klein, aber nadelspitz, viel schärfer als bei großen Löwen. Wenn Bärli mit uns spielte und uns auch nur vorsichtig mit dem Mund packte, dann stach das gehörig, und oft gab es blutige Kratzer.

Die Kuh Pauline interessierte sich sehr für den Neuankömmling. Sie ging auf der Wiese auf ihn zu und wollte ihn mit ihrem großen Maul beriechen. Das Bärli hatte Angst vor ihr. Als Paulinens Kopf ganz nahe war, spuckte und fauchte es so explosionsartig, daß die große Pauline vor Schreck in die Luft sprang, kehrt machte und mit hocherhobenem Schwanz ein Stück davongaloppierte. Dann machte sie mit drohend gesenkten Hörnern einen Angriff auf den jungen Löwen, so daß wir besorgt dazwischenfahren mußten. Pauline hätte ihn wohl zertrampeln können, aber auch sie hatte Angst, sie traute sich nicht heran.

Trotzdem es hier oben in den Bergen kein Telephon gibt, gehen die Nachrichten dennoch erstaunlich schnell von einem Waldhof zum andern, von Dorf zu Dorf. Sehr bald kamen die ersten Nachbarn, um sich den Löwen anzusehen. Nach ein paar Tagen hatten wir Besuch aus Dörfern, die zwei oder drei Stunden ab liegen. Bald wußten alle, daß man etwas mitbringen mußte, Abfall vom Schweineschlachten, ein totes Kaninchen, ein eingegangenes Huhn. Mal hatte Bärli einen dicken vollgefressenen Bauch, daß es faul in einer Ecke lag, mal gab es wieder ein, zwei Tage nichts. Aber Raubtiere haben ja auch in Freiheit keine regelmäßigen Mahlzeiten, sondern essen sich voll, wenn sie gerade etwas erbeutet haben, und müssen dann wieder tagelang hungern. So bekam dem Bärli diese Kost in den ersten Wochen gar nicht schlecht. Und auch uns nicht. Denn für uns fiel bei diesen Besuchen manchmal ein Ei oder ein Stück Käse oder ein Stück Kuchen ab. Es dauerte nicht lange, da war Bärli bei uns zu Hause. Der große Kerl saß auf einem Stuhl mit bei Tisch und schleckte sein Schüsselchen leer. Er wurde gut Freund mit den beiden Dackeln, die mit ihm spielten, und er lernte, daß er dem Biber Murr und der Katze Rosettchen nichts tun durfte. Auf den Papagei Gobo hatte er nur einmal einen Angriff gemacht. Der ganze Papageienkäfig lag auf der Erde, Gobo schrie, kreischte und schimpfte seinen Lieblingsausspruch »Schöne Bescherung«. Bärli war über dieses Ergebnis seiner Untat selber erschrocken und bekam auch noch Hiebe dazu. Seitdem hat er Gobo mit Achtung behandelt, oder besser gesagt, mit Nichtachtung. Er hat ihn überhaupt nicht mehr gesehen, als ob er Luft wäre.

Es war schön für uns, einen richtigen Löwen im Tierhäuschen zu haben. Aber würden wir ihn auf die Dauer halten können? Bärli wurde von Woche zu Woche größer. Wie sollten wir ein großes, ausgewachsenes Raubtier hier oben ernähren? Bärlis Zukunft machte uns Sorgen.

Die große Welt kommt ins Tierhäuschen

Wir wollen manchmal selber nicht glauben, daß ein Löwenkind mit uns in einer Stube sitzt. Es kommt uns manchmal vor wie in einem Paradies, das die alten Maler darstellten, wo neben dem Löwen friedlich das Reh weidet und das Taubenpärchen unbesorgt zwischen den Pranken eines Panthers schnäbelt und gurrt. Allerdings – wovon mögen sich die Löwen und Tiger im Paradies ernährt haben? Ob sie wohl Gras gegessen haben?

Unser Bärli ißt jedenfalls kein Gras. Abends, wenn die große braune Bunzelschüssel voll dampfender Kartoffeln und Magermilch leer gegessen ist und Vater sich ein Pfeifchen mit selbstgezogenem Tabak ansteckt, wird immer wieder Kriegsrat über Bärlis Schicksal gehalten. Aber wir kommen zu keinem Entschluß.

Eines Tages verirrt sich ein Motorrad in unser Tal hinter den sieben Bergen. Wir hören es schon eine Viertelstunde vorher knattern und knallen, mal von hier, mal von da, alle Bergwände werfen das Echo wider. Schließlich biegt eine schwere Maschine mit einem noch schwereren Mann darauf auf unsere Wiese und tanzt kühn über den schmalen Pfad bis zu unserem Haus. Der dicke Mann im hellgelben Ledermantel, mit einem bunten Schal um den Hals und einer großkarierten Sportmütze, steigt ab und steht gleich darauf bei uns in der Stube.

»Truner«, stellt er sich vor und greift mit zwei Fingern an das Mützenschild. »Jean Truner, Chef der weltberühmten Truner-Truppe, Turmseil-Equilibristen, Ihr werdet schon von uns gehört haben. Ihr sollt hier unseren Löwen haben, der uns geklaut worden ist. Na, den rückt mal schleunigst wieder 'raus, sonst kann hier allerlei passieren!«

Der Mann sah mit seinen dunklen Haaren, seinem fleischigen Gesicht und dem schwarzen Bärtchen wie ein Zigeunerprimas aus. Vater fing an, sich mit ihm zu unterhalten. Von Futtergeld und Schadenersatz für totgebissene Kaninchen, ferner, daß entlaufene wilde Tiere, die unverfolgt im Walde sitzen, herrenlos wären und so weiter. Und wie denn der Herr Drahtseilkünstler beweisen wolle, daß der Löwe ihm gehöre? Der Mann im gelben Ledermantel lenkte ein. Er zog einen unserer Holzstühle unterm Tisch hervor, ließ sich schwer darauf nieder und schlug ein Bein über das andere Knie, so daß ein Paar schiefgetretene, aber ehedem aus gelbem und weißem Leder hochmodern genähte Halbschuhe ins Auge sprangen. Der Löwe war vor drei Wochen nachts auf der Landstraße aus dem Wagen entsprungen. Sie hatten das erst am Morgen gemerkt, und alles Suchen war zwecklos. Alle Truppenmitglieder konnten bezeugen, daß er ihnen gehörte, und die polizeilichen Bescheinigungen zum Bezug von Pferdefleisch hätten sie auch noch. »Kommen Sie mit auf meiner Maschine nach Kempten! Dort haben wir gerade aufgebaut. Sie werden schon sehen, daß alles stimmt.«

Mutter hatte Bedenken, aber Vater setzte sich auf den

Soziussitz, und Klaus zog ein langes Gesicht, weil das Rad keinen Beiwagen hatte, auf dem auch er noch mitfahren konnte. Knatternd schaukelten die beiden durch die Wiesen davon, daß die Rehe eilends vom Bach nach dem Walde flüchteten. Wie lange war Vater schon nicht mehr in der Kreisstadt gewesen. Aber das Motorrad schoß durch die holprigen Straßen an den spitzgiebeligen Häusern mit ihren Laubengängen vorbei bis hinunter an den Fluß. Dort wurde Vater im Wohnwagen mit einem Schnaps bewirtet. Dann aber dröhnte draußen der Lautsprecher, daß jetzt ein Mitglied der Truner-Truppe auf dem Seil, das schräg über den Fluß gespannt war, bis zur Spitze des Torturms hinaufsteige, vierzig Meter hoch. Während der Mann mit einer langen weißen Stange zögernd, vornübergebeugt, Schritt für Schritt hoch über die grünliche Iller, über die Bäume am Ufer, über Straße und Dächer schritt, erzählte der dicke Truppenchef im Sessel neben dem Vater halblaut ins Mikrophon, daß die Truner-Familie seit 1680 Drahtseilkünstler sind und seit Jahrhunderten auf Marktplätzen in Deutschland, ja in den letzten Jahrzehnten sogar in Australien, Südafrika und in Südamerika auf Seilen durch die Lüfte laufen. Von draußen kamen dieselben Worte überlaut und brüllend durch die Holzwände wieder herein. Halb Kempten drängte sich an der Absperrung. Nur ein Haufen Jungen durfte in den freigehaltenen Teil unter dem Seil. Sie hielten mit Querstricken das lange Seil straff, damit es nicht ins Schwanken und Schaukeln kam. Hinter dem Absperrstrick quetschte sich auch der alte Sandholzer, der Bürgermeister der Gemeinde Buchberg, zu der unser Waldhäuschen gehört. Bürgermeister sind gewichtige Herren, die Düngemittel und Kartoffeln zu verteilen und die Heuabgaben aufzuerlegen haben. Vater holte ihn mit in den Wohnwagen zu den gemütlichen, zusammenklappbaren Sesseln, den breiten Liegesofas, die in der Nacht in Betten verwandelt werden, und dem blitzend-weiß emaillierten Küchenherd. Ungeniert zog Jean Truner sein Hemd über den Kopf, daß der fette schwarzbehaarte Oberkörper sichtbar wurde, und schlüpfte in einen weißen Leinenfrack und weiße Hosen mit breiten blauen Streifen an den Außennähten. »Wir machen die Löwensache nachher zusammen klar«, sagte er und kletterte so behende, wie man es dem dicken Mann nicht zugetraut hätte, auf den einen der beiden großen Masten, zwischen denen ein straffes Hochseil gespannt war. Mit einer schweren, weißgestrichenen Eisenstange, die sich unter ihrer eigenen Last durchbog, marschierte er Schritt für Schritt hinüber und trug dabei seinen Sohn und noch einen jungen Mann auf seinen Schultern.

Kein Zweifel, sie waren eine richtige Zigeunerfamilie, die Truners. Vater, der nun schon so viele Jahre in dem weltverlorenen Tierhäuschen hoch oben in den Bergen lebte, spürte auf einmal etwas wie Neid. Wie schön, mit so einem Wagen über die Landstraßen zu ziehen, jede Woche neue Dörfer, neue Städte, neue Länder zu sehen, und doch überall dort zu Hause zu sein, wo man die Veranda zum Wohnwagen herabklappt. Weiß der Himmel, eine fruchtbare Familie mußten die Truners sein, zu sechsen, achten, zehnen bauten sie Pyramiden auf dem Seil, fuhren mit Fahrrädern darauf entlang, wobei sich drei, vier auf den Schultern des Fahrers aufbauten. Sogar ein Motorrad knatterte durch die Lüfte. Selma, die Frau des Dicken, eine zierliche Person und doch Mutter von sechs Kindern, lief mit dem Kopf nach unten an einem schwindelnd hohen Balken entlang, wobei sie

die Füße in Schlingen einhakte. Schreiende Plakate zeigten, wie sie dasselbe vor ein paar Jahren an der Decke der Deutschlandhalle in Berlin gemacht hatte, grell von Scheinwerfern beleuchtet, während die Gesichter von abertausend Zuschauern als kleine rote Punkte zu ihr heraufglotzen. »Selma Truner wird jetzt als einzige Frau der Welt den vierzig Meter hohen, schwankenden Schiffsmast ersteigen und dort Handstand machen«, sprach Jean Truner wieder ins Mikrophon. »In Wirklichkeit sind es nur zweiundzwanzig Meter«, fügte er hinzu, als er ausgeschaltet hatte. »Die Leute wollen was hören für ihr Geld. Aber tot ist meine Frau auf jeden Fall, wenn der Mast nicht hält, ob es nun zwanzig Meter sind oder vierzig.« Und dabei zeigte er auf die zierliche Gestalt, die jetzt ganz hoch oben gegen die Wolken stand. »Wir haben keine längere Fichte im Wald klauen können. Man kann die ganz langen Bäume nämlich so schlecht mit dem Traktor herantransportieren. Und selber aussuchen muß ich so einen Baum schon. Ich muß ihn sehen, solange er noch grün ist und Äste hat. Dann weiß man, ob er dem Winde ausgesetzt war oder ob er ganz geschützt gestanden hat. Denn wegsplittern darf er nicht. In der Mailo-Kardias-Truppe ist vor acht Jahren die junge Ellen vom Schiffsmast abgestürzt. Es war Mannesmann-Stahlrohr. Die einen sagten, es wäre ein Materialfehler gewesen, oder er soll falsch gespannt gewesen sein, oder es soll gar Sabotage vorgelegen haben. Ich sehe das junge Mädchen noch vor mir, wie sie zerschmettert unten im Sägemehl lag. Zwischen ihren Lippen glimmte die Zigarette, die sie sich gerade hoch oben angezündet hatte.«

Die junge Frau dort oben richtete sich jetzt langsam und vorsichtig auf dem Querholz am Ende des langen Mastes auf. Es war wirklich dünn da oben, die Baumspitze aller Äste beraubt, der Stamm abgeschält und weiß-blau gestrichen. Nur grünes, frisches Holz kann solche Spannungen aushalten. Denn jetzt begann die Frau sich leise und vorsichtig in den Knien zu biegen und den Mast ins Schwingen zu bringen. Immer stärker pendelte das dünne Ende hin und her, und mit ihm schaukelte der kleine Mensch dort oben sechs, sieben Meter durch die Luft. Sandholzer hatte seine Pfeife aus dem Mund genommen und schluckte mehrmals trocken. Jean Truner beobachtete ihn, stieß Vater dann an und sagte: »Sehen Sie den Riß dort, fünf Meter unterhalb der Spitze? Der verdammte Baum ist schon stark abgetrocknet. Wenn er jetzt platzt und absplittert, spießt sich meine Frau glatt auf!« »Wie können Sie ihre Frau da 'raufschicken? Sie hat doch sechs oder sieben Kinder«, sagte Sandholzer kopfschüttelnd. »Das ist noch gar nichts«, zuckte der dicke Jean die Schultern. »Sehen Sie, jetzt bläst sie da oben sogar das Waldhorn!« Stockend und zögernd kamen die Töne von oben herab, von den Schwingungen des Mastes war der Rhythmus unterbrochen. Aber es klang rührend und nervenzerreißend zugleich, wie das Waldhorn dort oben blies: »Aus der Jugendzeit, aus der Jugendzeit..«

Während Sandholzer hinausgegangen war, meinte Jean Truner: »Jetzt werden wir uns den nötigen Stoff besorgen, um unseren Löwen bei Ihnen wegzufeiern. Das Bäuerlein werden wir schon 'reinlegen! Haben Sie nur keine Angst, wir wetten jetzt, daß Sie über das große Turmseil gehen. Ich gehe voran, und Sie fassen mich an der Schulter. Jede Kuhmagd kann auf diese Weise über das Seil laufen.« Gesagt, getan. Als Sandholzer wiederkam, behauptete der dicke Jean, das Seillaufen sei halb so schlimm. Ob es der Herr Bürgermeister probieren wolle?

»Keine zehn Pferde kriegen mich da 'rauf!«

»Na, der Herr hier hat bestimmt mehr Mut. Ich wette um fünf Flaschen Schnaps, daß er es macht. Daß er von einem Mast zum anderen auf eigenen Füßen über das zehn Meter hohe Turmseil 'rüberläuft!«

»Die Wette halte ich, da riskiere ich sogar meine letzten Flaschen, die ich noch zu Hause im Keller stecken habe. Das macht er ebensowenig wie ich!« Wir holten den alten Briefträger Rist und den Oberhofer, die unter den Zuschauern standen; sie mußten die Wette durchschlagen.

Und dann kletterte der Vater die Leiter bis zu dem einen Mast mit der kleinen Plattform hinauf. Jean hinter ihm her. Die Welt sah verdammt luftig hier oben aus.

Die Gesichter der Kemptener waren jetzt tausend kleine rote Flecken, genau wie auf dem gedruckten Plakat. Der Lautsprecher schmetterte einen Ländler. Vater zog die Schuhe aus und ein paar geborgte dicke Wollsocken dafür über seine Füße. Dann nahm Jean die schwere Eisenstange auf und ging mit tastenden Schritten von der Plattform auf das Seil. Es sah aus, als ob er ins Leere schritte. »Fassen Sie mich mit einer Hand an die Schulter. Sehen Sie am besten gar nicht nach unten, sondern auf meinen Kopf oder in die Luft.«

»Wenn ich hier 'runter ins Netz falle, dann fliegen Sie auf jeden Fall mit 'runter, das ist Ihnen doch wohl klar«, entgegnete Vater. Dann ging die Reise los, von schmetternden Klängen begleitet. Vater fühlte durch die Socken das Seil, es war ziemlich dick und schnitt nicht ein. Er schwankte keinen Augenblick, denn Jean ging so sicher und bewegte sich nicht, er stand auf dem Seil wie ein Fels. Vater wagte auf die Menschen hinunterzusehen, auf das helle Band der Iller und die buntscheckigen spitzgiebligen Dächer von Kempten. Das Seil war so straff gespannt, daß es fast wie ein Balken wirkte. Schon waren sie auf der anderen Plattform angelangt. Die Sache machte Spaß, am liebsten wäre Vater noch einmal zurückgelaufen. Mit der dicken Stange mochte es nicht einmal so schwer sein, alleine zu gehen. Aber Jean kletterte schon hinab, Vater turnte hinterher und mußte unten eine Weile warten, bis ihm jemand die Schuhe vom anderen Mast brachte. Gab das ein Hallo bei den Buchbergern, die um den Bürgermeister herumstanden. »So haben wir nicht gewettet«, sagte der, »Sie sind ja nicht allein über das Seil gegangen.« Aber es half nichts, er war hereingefallen.

Der alte Rist wiederholte Wort für Wort, was er

»durchgeschlagen« hatte: »daß er von einem Ende bis zum andern über das Seil läuft«. Der Bürgermeister schimpfte ein paar Minuten wie ein Rohrspatz. Als alle lachten, mußte er gute Miene zum bösen Spiel machen und mitlachen. Seine fünf letzten Flaschen Schnaps waren verspielt. –

Daß man mit einem Auto durch Viehkoppeln und über krumme Waldwege bis zu unserem einsamen Tierhäuschen fahren konnte, hätten wir nie gedacht. Aber eines Tages fuhr es vor, Jean Truners silberglänzendes Auto mit dem roten, schmierigen Lederpolster, und heraus kamen sechs, sieben, acht Truners. Sogar der Großvater war mit dabei, der neulich noch auf dem Drahtseil eine Polka getanzt hatte »zur Feier seines siebzigsten Geburtstages«, wie der Lautsprecher verkündet hatte. Auch den Herrn Bürgermeister mit seinen fünf Flaschen Schnaps hatten sie aufgeladen. »So kommen Sie wenigstens einmal Ihre entlegensten Häusler hinter den Bergen besuchen«, sagte der Vater. Die Katze Rosettchen und der Biber Murr flüchteten vor den vielen Menschen ganz verstört hinter den Ofen. Bärli aber saß auf der Bank in der Ecke und sah die Ankömmlinge mit seinem ernsten Blick an. Dann fauchte er heiser und lautlos zu uns hin, was ein Ausdruck besonderer Zärtlichkeit bei ihm war. Wie schnitt uns das ins Herz, denn es war sein Abschiedsabend bei uns.

So viel abenteuerliche Geschichten aus Kapstadt und Sydney, aus Paris und Stockholm haben die altersgrauen Balken unserer Stube wohl selten an einem Abend gehört. Und unsere dickbauchige Schnapsflasche mit der aufgemalten Postkutsche im Geschirrschrank, die nur mal gelegentlich und geizig ein Gluckerchen für den Briefträger hergibt, wird gestaunt haben, wie schnell ihre fünf schlanken Schwestern unten auf dem Tisch ihren Inhalt auslaufen lassen mußten. Als Jean schon einen in der Krone hatte, wollte er durchaus, daß seine Frau singen sollte. Die kleine Frau in ihrem kostbaren, aber ein wenig schlampigen Pelz konnte nur zwei Lieder, die beiden Schlager »Heimat, deine Sterne« und »Ich hab' so Heimweh«. Fünfmal mußten wir beides von Anfang bis Ende anhören, und Jean schoß strenge Blicke, wenn einer von uns zwischendurch zu flüstern wagte. Je mehr leere Flaschen sich unter der Bank versammelten, um so gereizter wurden Jean und sein Bruder Alfredo. Wir Tierhäuscheninsassen zogen uns etwas aus der Schußlinie zurück und brachten inzwischen Bärli in seiner Kiste unter. Bienchen stand im Nachthemd in ihrem Bettchen. Tränen rollten ihr über die Backen. Sie wollte dem Bärli noch einmal »Auf Wiedersehen« sagen. So hoben wir sie in die Kiste hinein, und sie kuschelte sich an Bärli heran. Wir mußten lange betteln, bis sie endlich wieder herauskam.

Inzwischen gab es drinnen Krach. Jean hatte einen unserer bunten Teller aus dem Geschirrschrank gerissen und nach Alfredo geworfen. Der Tisch fiel um, die Lampe schwankte, einer hatte den Ofenhaken in der Hand, sechzehn Trunerfäuste prügelten aufeinander ein. Vater riß den alten Sandholzer aus dem Knäuel, er blutete aus einer Schramme über der Stirn. Aber er half Vater, die Kämpfenden vorsichtig, und ohne selber ins Schußfeld zu geraten, zur Haustür hinauszubefördern. Draußen tobte der Kampf noch eine Weile weiter, aber die Nächte sind bei uns im Frühjahr hier oben kalt und frisch. Nach einer Weile kamen die wilden Truners zur Vernunft. »So sind wir nun mal. Wenn wir was zu trinken haben und wenn es lustig ist, dann gibt es auch ein bißchen

Prügelei«, sagte Jean. Und mit einem schiefen Seitenblick: »Immer ist mein Bruder Alfredo dran schuld!«

Wir haben die Seiltänzerfamilie verladen, Sandholzer und die Kiste mit Bärli dazu. Schaukelnd und hüpfend schwankte das große Auto über die Wiese davon. Sein Motorengeräusch verklang im Walde.

Wir sahen uns an. Die große bunte Welt war ein wenig gar zu abenteuerlich und lärmend hereingebrochen. Wie doppelt still lag im Mondschein unsere Wiese, wie schweigend stand der schwarze, dunkle Wald dahinter. Tausend gelbe Sterne sahen herab auf unser kleines, altersgebeugtes Dach zwischen Meeren von Fichten und Buchenwipfeln.

Herr Gräving

Wir leben nun wirklich weitab und vergessen von aller Welt. Wenn eines Tags der Rechtisberg über unserem Tierhäuschen abrutschte und uns alle zuschüttete, man würde wochenlang unten nichts davon merken, wenn nicht hin und wieder der alte Briefträger Rist zu uns käme. Und umgekehrt: sollte da unten eine neue Sintflut kommen und alles überschwemmen und ertränken, wir würden hier ahnungslos und friedlich weiterleben.

Aber es gibt einen, der haust noch versteckter, noch mehr als Einsiedler als wir. Das ist Herr Gräving.

Ihr kennt den weiten Weg zum Märchental, über die Almweiden, den Wald und die tiefe Schluchtwand hinab, wo die gestürzten Baumriesen modern, zu dem sonnigen kleinen Talbett, in das sich nur alle paar Jahre einmal ein Mensch verirrt. Dort unten am Abhang steht eine Eiche. Ihr krauses Blätterhaupt mag sich schon in dem glatt-schwarzen Wasser des kleinen Sees im Tälchen gespiegelt haben, ehe unsere Urgroßeltern geboren waren. Der riesige Stamm bildet mit der steilen Wand der Schlucht, an die er festgeheftet ist, ein bequemes Muldenbett, in welchem der Vater halb hingestreckt liegt.

In dem Felsblock, der neben ihm aus der Erde ragt, findet er zu seinem Erstaunen Buchstaben und Zahlen eingekratzt, fast schon eingemeißelt E.F.H.G. 1813. Die Neigung des Felsens nach vorn hat diese Inschrift vor dem Verwittern geschützt. Welche Menschenkinder mögen sich vor so langer Zeit, mehr als hundert Jahren, in dieser Wildnis getroffen haben? Weiß Gott, was sie sich geschworen haben. Wie sie geheißen haben, ob sie zusammengehört haben, ob sie zusammengeblieben sind – oder auseinandergeweht worden sind –, sie sind längst gestorben, irgenwie, irgendwo, und ihre Kinder und Enkel und Urenkel auch. Vielleicht haben die beiden nie wieder an den Platz hier im Tälchen gedacht, vielleicht sind sie sich über Alltagssorgen fremd geworden, haben sich wegen Stammtischabenden oder Haushaltsgeld verzankt. Und doch ist etwas von ihnen hier haftengeblieben, in dem breiten, mit Fichtennadeln gepolsterten Bett zwischen Eichenstamm und Felsblock, in das sich hundert Jahre lang nur taumelnde Blätter und Schnee, aber kein Mensch mehr gelagert hat. Noch immer scheint zwischen Eichenstamm und Felsblock ein Rest jener unerfahrenen Liebe zu haften, die nicht wissen will, daß die Schwüre in den Werktagen verwehen. Das Farnkraut drängt seine zusammengerollten Blätter aus dem Boden und fühlt wohl die verliebte Wehmut dieses Plätzchens, denn es entfaltet die zitternden Fächer wie bittende Hände. Eine alte, klagende Melodie geht Vater nicht aus dem Sinn.

Plötzlich schnauft und rumpelt es oben am Hang; Steinchen und Schmutz rollen herunter. Zwei Dachse galoppieren polternd herab. Sie sehen Vater nicht. Die weißlichgraue Dächsin fährt dicht an seinen Füßen vorbei. Er ruft sie an, sie hebt den Kopf ein wenig, beschleunigt aber ihre Fahrt nicht. Als ihr Liebhaber hinterherkommt, hat Vater sich schon so weit gefaßt, daß er ihm mit der flachen Hand einen Klaps auf die Keule gibt. Er ist zwar erschrocken, aber die beiden lassen sich nicht stören. Sie jagen und spielen zwischen den Stämmen und auf der Wiese im Tälchen. Es ist unser Herr Gräving, der hier auf die Freite geht. Er hat sich eine mächtige Burg gebaut, in die er sich vergräbt. Bergeweise hat er den Sand mit dem breiten Hinterteil aus den Gängen herausgeschoben. Sie führen in einen Kessel, der sorgsam geglättet und mit Moos und Laub gepolstert ist. Herr Gräving ist heikel und übertrieben säuberlich in seinem Haus, wie so mancher Eigenbrötler. Neben der Wohnstube hat er sich einen eigenen Abort angelegt, in den er auch die Reste seiner Mahlzeiten trägt. Nach oben führt ein senkrechter Entlüftungsschacht, der mit einem faustgroßen Loch unbemerkt im Heidelbeergebüsch endet. Glaube nicht, daß ihn jemand in seinem Verließ zwei, drei Meter unter der Erde überrumpeln kann! Es führen Ausgänge nach verschiedenen Richtungen, dort zwischen die Wurzeln der Fichte einer, hier unter zwei Felsen ein anderer, und ihre Mündungen liegen zwanzig, dreißig Meter auseinander. Eine Zeitlang hatte sich eine Fuchsfrau, ohne viel zu fragen, in Grävings Burg mit eingemietet und ihm mit ihrer Losung und ihrem roten Kinderpack den ganzen Bau verstänkert. Da mußte sich Herr Gräving einen neuen Kessel tiefer in den Berg graben. Aber die Füchsin ist beim Siebenhofbauern im Hühnerstall totgeschlagen worden, und seitdem hat Herr Gräving wieder Ruhe.

Wenn die verliebten Wochen vorbei sind, will er von den schwarz-weiß gestreiften Dachsmädchen nichts mehr wissen. Und auch diese scheinen zu bedauern, daß zum Kinderkriegen auch bei Dachsens mindestens zweie gehören. Sie graben sich ihren eigenen Bau, mästen sich in den letzten Sommer- und Herbstwochen dicke Speckseiten an, polstern ihre Wohnstube, dichten die Zugänge und die Luftschächte mit Heupfropfen ab, rollen sich zusammen, so daß sie auf Stirn und Hinterfüßen ruhen, und verschlafen Advent und Weihnachten, Neujahr und Heiligdreikönig – das Beste, was man in diesen Wintern hier oben tun kann. Die Jungen in ihrem Leib wachsen monatelang nicht weiter, aber im März kommen drei bis fünf Kinderchen, die noch drei Wochen blind bleiben und denen die Dächsin Würmer, Wurzeln und Kleintiere herunterträgt. Erst nach vier Wochen wagen sich die hübschen Tierchen zum Sonnen vor den Bau und spielen dort nach Kinderart miteinander.

Herr Gräving ist auffällig angezogen wie ein Harlekin. Aber trotzdem bekommt man ihn selten zu sehen, denn er geht nur nachts aus oder am Spätnachmittag. Vater muß schon lange vor seiner Burg warten, bis es drin zu rumpeln beginnt und sich ein schwarz-weißer Kopf vorsichtig herausschiebt. Herr Gräving sieht sich schnell nach allen Seiten um, dann fährt er wieder zurück, schüttelt sich mit vernehmbarem Geräusch den Sand aus dem harten, borstigen Pelz, schaut erneut aus dem Tor, fährt wieder zurück und geht dann gemütlich humpelnd ab. Er sieht mehr wie ein kleines Schwein aus als wie ein Marder, zu denen er ja zählt, und er benimmt sich auch wie ein Borstentier, pflügt mit der Nase den lockeren Waldboden auf, schlägt mit den harten, krallenbewehrten Grabpranken das modrige Holz der Baumstümpfe auseinander, um die Maden und Insekten drin zu verschmatzen. Wir haben ihn oft gerade da getroffen, wo wir ihn am wenigsten vermuteten. Als wir eines Tages auf der Steinpilzsuche waren, ärgerten wir uns, daß so viele schöne Schwämme zerstreut und zerbrochen herumlagen. Auch die Pfifferlinge waren böse zerstükkelt. Wir vermuteten erst, daß Eichhörnchen am Werk gewesen wären. Dann aber sahen wir zwischen den Kiefern Herrn Gräving gemächlich von Pilz zu Pilz schreiten, die Schwämme mit der Nase umwerfen und irgend etwas verschlingen, das wir nicht erkennen konnten. Fiel nur der Hut ab, dann wurde der Stiel noch besonders umgelegt. Vater nahm Klaus und Bienchen bei der Hand und blieb hinter einem Wacholderbusch stehen. Da der Wind von dem Dachs auf uns zuwehte, bummelte er langsam bis auf einen Meter an uns heran. Nun konnten wir sehen, daß er eifrig nackte Schnecken schluckte. Nachdem er sich gegen eine halbe Stunde auf der Schneckensuche vergnügt hatte, konnte Bienchen nicht mehr ruhig bleiben: Herr Gräving fuhr ab. Wir besahen uns die Überbleibsel seiner Mahlzeit und fanden, daß die zerbrochenen Pilze von Schnecken bös zerfressen waren, daß aber keine Lebewesen mehr auf ihnen saßen. An den noch stehenden Pilzen aber schmarotzten viele Schnecken, manchmal bis zu zehn Stück. Wir haben einen ganzen Korb voll von den Überresten der Dachsmahlzeit nach Hause getragen und sie uns schmecken lassen. So macht Herr Gräving wohl viele Pilze entzwei, aber er sorgt dafür, daß die Schnecken nicht überhand nehmen und daß im nächsten Jahr wieder neue Schwämme wachsen.

Am Bach konnten wir ihn einmal beim Trinken beobachten. Er löffelte das Wasser nicht wie die Hunde mit der Zunge, sondern er steckte die Schnauze hinein und bewegte wie kauend den Unterkiefer. Wenn er ein Hummelnest oder ein Wespennest findet, gerät er in Entzükken. Er scharrt es aus und ißt mit Behagen die honigsüßen Waben mit allen fetten Larven drin, ohne sich um die Stiche der erbosten Inhaber zu kümmern. Sein Pelz ist zu rauh, seine Schwarte zu fest, sein Speck zu dick, als daß ein Wespenstich ihn verletzen könnte. Bei uns oben wachsen keine Weintrauben, die er uns stehlen könnte, und an die Gänschen und Entchen in den Bauernhöfen traut er sich nicht heran, weil er nicht so frech ist wie Meister Reinecke. Dafür gehören neben Walderdbeeren und Wurzeln junge Mäuse, Eidechsen, Frösche und Schlangen auf seinen Speisezettel. Wir wissen aber nicht, was eigentlich Jäger und Bauern gegen ihn haben.

Eines Tages haben Strupp und Strapp einen Dachs verbellt. Es war ein junger, halbwüchsiger Sohn von Herrn Gräving. Seine Mutter hatte ihn wohl schon wieder aus der Burg ausquartiert, und er war sich noch nicht schlüssig, ob er sich selber eine anlegen oder eine alte, fremde Röhre befahren sollte. Wütend kläfften die Dakkel, aber schon jaulte Strapp, denn Gräving der Jüngere hatte ihr mit einem raschen Hieb einen langen Riß an der Schulter beigebracht. Der Dachs war gestellt, er konnte nicht weglaufen. Aber er begann fieberhaft zu graben und versank zusehends in der Erde. Ein Glück, daß wir Säcke zum Tannenzapfensammeln mit hatten. Wir warfen sie über ihn, hoben ihn mit Stöcken empor und brachten es fertig, ihn in einen Sack zu stecken. Zur Vorsicht hüllten wir noch die anderen Säcke darum.

Der junge Gräving war ein wahrer Ausbrecherkönig. Vater steckte ihn in einen Kükenauslauf, aber er fand im Handumdrehen ein kleines Loch im Drahtgeflecht, bohrte seinen spitzen Kopf hinein und drängte mit zäher Gewalt nach, so daß er wie ein Keil hindurchfuhr. Vater konnte noch schnell eine Kiste greifen, um ihn wieder einzufangen. Wir sind keine Gefängniswärter im Tierhäuschen, wir haben unsere Freude daran, Vierbeiner gelegentlich als gute Bekannte im Walde zu begrüßen. So hat Vater den glücklichen Fang nur benützt, um von dem Dachs ein paar Bilder zu machen. Denn im Walde war ihm das nur einmal gelungen, weil die Grävings bei gutem Licht in ihrer Burg hockten. Als Vater die Bilder im Kasten hatte, sahen wir dem Meisterausbrecher zu, wie er in einer Kiste seine kräftigen Pfoten zwischen einen Spalt stemmte, wie er den Kopf dazwischendrängte und das Brett abhob, daß die Nägel knirschten. Hei, wie er abfuhr, als er draußen war!

Humpelnd schoß der Geselle über die Wiese und verschwand drüben am Waldsaum. Auf baldiges Wiedersehen im Märchental, Herr Gräving junior!

Fundevogel

Wenn wir um den gescheuerten Ecktisch beim Frühstück sitzen, schiebt am Dienstag- und Freitagmorgen immer wieder eins von uns die blau-weiß gewürfelten Gardinen vor den Fensterchen beiseite und späht über die Wiese nach dem Waldsaum. »Ob wohl der Rist bald kommt?« Regnet es, dann bescheiden wir uns zum nächsten Tag, bis der rüstige alte Mann mit dem weißen Vollbart zwischen den Bäumen auftaucht und den kleinen Pfad durch den blauen Enzian und die weißen Bärenklaublüten auf die Haustür zuschreitet. Dann fahren die beiden Dackel wie kleine Teufel unter der fichtenen Eckbank hervor und kläffen, daß man sich die Ohren zuhalten muß. In der niedrigen Stube holt der alte Rist bedächtig seinen Rucksack von der Schulter und packt die Briefe und Zeitungen für uns aus. Er bringt zweimal in der Woche das Echo der unruhigen Welt in unser verstecktes Tierhäuschen hinter dem Walde.

Er gibt kurze Antworten, der alte Rist, und sieht so bärbeißig aus, ein echter Eigenbrötler und Querkopf. Aber unter seiner abgetragenen Lodenjoppe schlägt trotzdem ein warmes, fast zärtliches Menschenherz.

Es ist jetzt vier oder fünf Jahre her, da verwunderten sich die jungen Bäuerinnen, was für einen Anteil der alte Krauter auf einmal an ihrer Wirtschaft und ihrer Kinderstube nahm. Sonst hatten sie ihn immer vergeblich zum Erzählen bringen wollen, denn so ein Briefträger kommt ja weit herum in der ganzen Gemeinde und fährt sogar zweimal in der Woche nach der Stadt, um Post zu holen; er ist also ein Mann, der vieles erfährt und weiß. Aber er war für seine mürrischen Antworten bekannt. Jetzt hingegen setzte er sich unaufgefordert hin, faßte die Zwei- und Dreijährigen unter das Kinn und versuchte auf unbeholfene Art, mit ihnen zu scherzen. Mit seinen gekrümmten Händen, die vom Holzfällen rissig und schwärzlich waren, schob er die duftigen Musselinvorhänge an der rosenbemalten Wiege beiseite und sah unter seinen graubuschigen Brauen minutenlang, ohne ein Wort zu sagen, auf das zarte Kinderköpfchen mit dem seidenweichen, dünnen Haar herab. Die seltsamsten Fragen stellte er. Wie oft so ein Kind seine

Flasche bekäme, ob die Mutter es soviel trinken ließe, wie es will, oder nur eine Flasche voll, ob sie ihm nachts auch noch die Flasche gäbe oder es schreien ließe, ob es schlimm sei, wenn das Kleine die Milch wieder ausbreche. Die Siebenhofbäuerin war ganz stolz, daß der alte Rist sich so viel um ihren Jüngsten kümmerte. Aber am Sonntag nach der Kirche hörte sie von der Raschbäuerin, daß sie dem Alten hatte zeigen müssen, wie man ein Kind trockenlegt und badet. Die Bauersfrauen hatten bald ihren Spaß daran, den Briefträger in Kindersorgen zu verwickeln. Wenn sie ihm beschrieben, wie sie einen Durchfall mit Russischem Tee und Süßstoff kuriert hatten, dann ging er begierig auf ein umschweifiges Gespräch von einer halben Stunde ein. In diesen Wochen brachte der alte Rist seine Briefe und Zeitungen um Stunden und Stunden verspätet nach den Höfen. Er merkte gar nicht, daß man sich heimlich über ihn belustigte. Aber niemand vermutete hinter seinem veränderten Benehmen mehr als eine verschrobene Alterslaune. Es gibt ja hier oben, wo die Menschen meistens allein sind und sich nicht aneinander abschleifen, so viele seltsame Käuze. Verdächtig wurde der Briefträger den Bäuerinnen erst, als herauskam, daß er der Einödhöferin schon vor vierzehn Tagen aus dem geschnitzten alten Schrank Windeln und Kinderhemdchen abgebettelt hatte, die sie dort noch, sauber gewaschen und geplättet, seit zwanzig Jahren von ihren beiden Söhnen her liegen hatte. Als er bei der Siebenhöferin einen Schnaps zurückwies und dafür um einen kleinen Kissenbezug bat, beschlossen die Bauersfrauen, der Sache auf den Grund zu gehen. Der alte Briefträger wohnte ein gutes Wegstück abseits von Buchberg. Sein Häuschen hatte nur eine Stube, einen kurzen Flur und einen kleinen Stall unter dem moosigen, ein wenig schiefen Dach. Die Städter haben solch winzige Häuser in letzter Zeit als Wochenendhäuser wieder neu erfunden. Auf den Dörfern gibt es so etwas schon seit Jahrhunderten. Die alten Leute, die nicht geheiratet haben oder die wieder einsam geworden sind, ziehen hinein, füttern sich ein paar Ziegen oder eine Kuh, pflanzen sich Goldlack und Reseda vor die Fenster und stapeln schön gespaltene Holzscheite außen an den Wänden bis unter das überstehende Dach. Wenn dann ein rohgehobelter, stumpfschwarz gestrichener Fichtenschrein mit viel Schwierigkeit durch die schmale Tür und den engen Flur getragen wird, dann zieht bald wieder ein anderer Graukopf ein, der schon darauf wartet, weil er sich auf irgendeinem Hof mit seiner Schwiegertochter herumärgern muß. Sie hegen viel müde Zufriedenheit unter ihren Dächern, die kleinen Häuschen an den Dorfrändern.

Die Siebenhöferin kam zu dem alten Rist, um sich Salatpflanzen auszubitten. Aber ehe sie sich seinem Häuschen mehr als fünfzig Schritte genähert hatte, ging er ihr schon aus der Tür entgegen. Er forderte sie nicht auf, hereinzukommen. Als sie unter dem Vorwand, nach einem Stück Zeitungspapier zu suchen, die verwitterte Haustür aufklinken wollte, fand sie, daß er sie hinter sich abgeschlossen hatte. So mußte sie mit ihren uneingewickelten Pflänzchen wieder abziehen, ohne einen Blick in die Stube geworfen zu haben. Der Oberhöferin ging es ein paar Tage später nicht anders. Natürlich wuchs die Neugierde. Am Freitag versuchten ein paar Nachbarn durch die Fenster zu spähen, während der alte Rist seine Briefe austrug. Aber alle drei Fenster waren sorgsam mit Leinentüchern verhängt. Das machte die Geschichte erst recht verdächtig.

Bis dann die Siebenhöferin eines Tages in dem Häuschen ein Kind schreien hörte. Nun war das ganze Dorf in Aufregung. Die Mütter malten sich aus, wie ungeschickt der alte Mann das kleine Lebewesen darin behandle. Der Bürgermeister ließ aus dem Nachbardorf die Hebamme kommen und machte sich mit ihr und dem Gemeindeboten auf zu dem Briefträgerhäuschen. Der alte Rist wollte die drei nicht hereinlassen. Er bedrohte sie mit der Hacke, schimpfte und fluchte. Der Bürgermeister mußte lange auf ihn einreden und ihm mit dem Gendarmen drohen, bis der alte Mann wortlos, aber mit Tränen in den umbuschten Augen die Tür aufschloß und ihm das kleine Mädchen zeigte.

Nein, die Hebamme fand nichts einzuwenden. Das Kleine war sauber gebadet, lag in einer unbeholfenen, aber mit viel Liebe gezimmerten Wiege; am Ofen stand im Wasserbade die angewärmte Milch, sachkundig mit Haferschleim verdünnt. Eine Mutter, die schon das Fünfte aufzog, hätte es nicht besser machen können.

Woher kam das kleine Menschenkind? Der Alte benahm sich aufgeregt und verstockt wie eine Kuh, der man das Kälbchen wegnehmen und zum Schlächter bringen will. Die drei Gemeindevertreter mußten ihm die Wahrheit wie mit Zangen entreißen. Eines Tages hatte er das Kleine unter einem Busch ganz offen am Wege gefunden, in ein altes, aber sauber gewaschenes Frauenhemd und ein Stück Wolldecke eingewickelt. Es war ohne Zweifel ausgesetzt worden. Wahrscheinlich gehörte es einer polnischen Arbeiterin aus dem Lager, eine Stunde weitab. Denn zwischen den Tüchern lag ein buntes Heiligenbild mit einer Aufschrift in unverständlicher Sprache. Das Bild stellte eine »Stanislawa« dar. Das Arbeitslager war übrigens inzwischen aufgelöst worden. Der alte Rist trug das Kindchen zu sich nach Hause. Er hatte die Absicht, es dem Bürgermeister zu bringen. Da es aber so jämmerlich schrie, daß das ganze Köpfchen rot anlief, machte er ihm erst Milch zurecht. Und zwar borgte er sich den Gummisauger dazu von einer Nachbarin, der er, er wußte selbst nicht warum, erzählte, daß er ihn für eine neugeborene Ziege brauche. Die Kleine hatte so winzige, rosige Fingerchen. Sie langten noch nicht einmal um den knorrigen Kleinfinger des

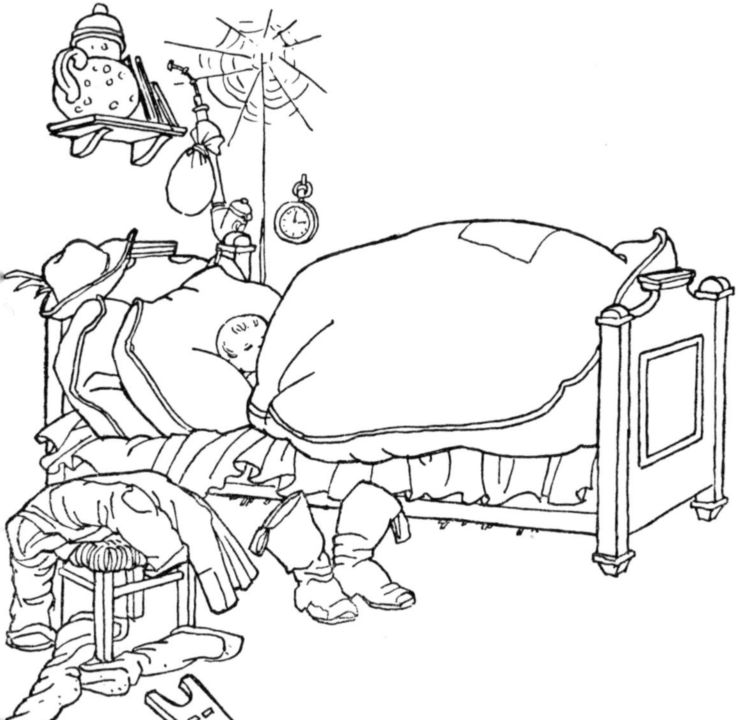

Alten herum. Als sich das Kindchen satt getrunken hatte, lag es ganz still und zufrieden und schlief in dem großen, gewürfelten Bett des Briefträgers. Er hatte ihm aus Vorsicht ein mehrfach gefaltetes Handtuch daruntergelegt, das weichste, schon oft gewaschene, das er in seiner Lade hatte. Der Alte saß auf dem Holzstuhl daneben und hatte seine rauhe Hand ganz vorsichtig über das kleine Körperchen unter der Zudecke gelegt. Er wagte nicht, sich auch ins Bett zu legen, aus Furcht, das zierliche Ding im Schlaf zu erdrücken. Gewiß konnte er im Sitzen schlafen, aber die Augen wollten ihm heute nicht zugehen. Es wollte ihm nicht in den Kopf, daß das kleine Menschenkind da zufällig an seinem Wege gelegen haben sollte. Sein Leben war bisher eigentlich recht nutzlos. Er hatte früh geheiratet und hatte nicht besonders gut mit seiner Frau gelebt. Sie war nach ein paar Jahren gestorben. Seitdem war er nur ein paar Jahre Knecht auf einem großen Hof gewesen, dann wieder Holzfäller, hatte sich sein Leben recht und schlecht verdient. Zum Schluß, mit über Fünfzig, hatte er die Briefträgerstelle übernommen. Noch ein paar Jahre, und er würde auf dem Dorffriedhof liegen, auf der Seite nach den Wiesen zu, wo die Grabplätze am billigsten sind und nur Holzkreuze stehen. Die Leute würden den alten Rist bald vergessen haben. Daß nun gerade er das Mädchen gefunden hatte, mußte eine Fügung Gottes sein. Das kleine Geschöpf war so hilflos, und er, der alte Rist, hatte genug zu essen, ein Dach über dem Kopf und eine warme Stube. Vielleicht war das Kindchen auch vornehmer Abkunft wie Moses, der in einem Binsenkörbchen gefunden worden war. Dann würde es später, nach Jahrzehnten, noch dankbar an den alten Briefträger zurückdenken, der längst nicht mehr lebte.

Allerdings, sie würden ihm das Kind wohl wegnehmen, ins Waisenhaus bringen. Denn niemand würde ihm alten mürrischen Graukopf zutrauen, daß er so ein kleines, zartes Wesen richtig versorgen und aufziehen könne. Seine graubehaarte, schwielige Hand machte eine Bewegung, als wollte sie das Kind im Bett heranschieben und drücken. Der Briefträger wußte, wie unerbittlich Gesetzesvorschriften sind. So beschloß er, das Kind heimlich für sich zu behalten. Am meisten Sorge machte ihm, daß es auf diese Weise nicht getauft werden konnte. So ein neugeborenes Baby kann leicht sterben, wenn man sich auch noch so sehr damit abmüht. Wenn es dann noch ungetauft ist, darf es nie in den Himmel kommen! Der Alte grübelte auf seinen Botengängen viel über diese Gefahr nach. Er hatte manchmal qualvolle Nächte deswegen, wenn die Kleine unruhig war und nicht schlafen wollte. Oft lauschte er, ob sie noch atmete. Wie sollte er dem Pfarrer unter die Augen treten, wenn dem ungetauften Kinde etwas passierte? Als es eines Tages einen Hustenanfall hatte, war er so verzweifelt, daß er schnell Wasser aus dem Brünnlein vor dem Haus holte und ihm ein wenig davon über den Kopf goß. Dazu sagte er, wie er es vor fünfzig Jahren in der Schule für den Fall einer Nottaufe gelernt hatte: »Ich taufe dich im Namen des Vaters und des Sohnes und des Heiligen Geistes auf den Namen Stanislawa!« Denn er fühlte sich ein wenig unberechtigt, einem Menschen eigenmächtig einen Namen für sein ganzes Leben zu erteilen, und so wählte er den fremden Namen von dem Heiligenbild.

Seitdem der alte Rist sein Pflegekindchen bei sich hatte, fühlte er sich wie neugeboren. Auf seinen Botengängen dachte er sich schon aus, wie er ihm aus einer am Ofen getrockneten Gänsegurgel mit Erbsen darin

eine Klapper machen könne, oder er sah sich ganz verstohlen, aber genau die Wiege im Einödhof an, um daheim eine gleiche zu bauen. Das Kind mußte auch an die Sonne, aber die Nachbarn durften es nicht sehen. Deswegen holte er Büsche aus dem Wald und pflanzte eng an der hinteren Haustür ein dichtes Versteck, so daß die Kleine ungesehen darin liegen, aber doch von der Sonne beschienen werden konnte. Ja, er nahm sogar Nadel und weißen Zwirn in die Hand und versuchte sich darin, einen seiner vier großen Bettbezüge zu zerschneiden und Kinderbetten daraus zu nähen. Er hatte sonst nur mit grober Wolle die Löcher in seinen dicken Socken gestopft, aber Begeisterung und Liebe machten seine groben Finger geschmeidig. Die Windeln trocknete er auf dem Dachboden, denn sie hätten gar zu verräterisch im Winde geweht. Das alte Haus hatte wohl noch nie solch einen winzigen Menschen umschlossen. Aber jetzt schien es, als mühte es sich um die Wette mit dem Briefträger, die kleine Stanja zu verstecken und zu umhegen.

Fast ein Jahr glückte diese Geheimniskrämerei. Jetzt allerdings, nachdem der Bürgermeister und das ganze Dorf Bescheid wußten, war alles aus. Der Alte war verzweifelt. Wenn er nicht die Kleine oder die Kuh zu versorgen hatte, saß er zusammengesunken auf der Bank vor der Tür. Das Dorf bekam eine Woche lang keine Post, denn er wagte nicht, nach Kempten zu fahren, aus Furcht, er würde die Kleine bei seiner Rückkehr nicht mehr vorfinden. Aus Mitleid brachte ihm eine Nachbarin Brot und Fleisch aus dem Dorf. Und wirklich, vom Vormundschaftsrichter kam der Befehl, das unbekannte Kind ins Kemptener Waisenhaus zu bringen. Aber niemand traute sich, dem Alten diesen Bescheid zu überbringen, der Gemeindebote nicht und der Bürgermeister selber auch nicht. So vergingen wiederum vierzehn Tage. Der Bürgermeister befürchtete, daß der Alte seine Briefträgerstelle verlieren würde, er meldete zur Post nach Kempten, daß der Alte krank sei, und der junge Rasch trug die Briefe aus. Die Hebamme hatte inzwischen überall herumerzählt, wie wohlgenährt und gutgepflegt das Kleine sei, und die Bäuerinnen bekamen Mitleid mit dem Alten. Die Bürgermeisterin setzte ihrem Mann zu, und er fuhr selber zum Landrat nach Kempten. So kam es, daß der alte Rist ganz amtlich zum Vormund und Pflegevater der kleinen Stanja ernannt wurde. –

Sie ist inzwischen vier Jahre alt geworden und ein niedliches Kind. Bei schönem Wetter nimmt sie der Alte manchmal auf seinem Briefträgergang mit. Eine Strecke weit trippeln die bloßen Füßchen wie Hundepfötchen neben den schweren Nagelschuhen mit. Dann werden sie müde, und er muß die kleine Stanja auf den Arm nehmen. Die Füßchen stecken dann in seiner Jackentasche, und der kleine Kopf mit dem bunten Tüchlein liegt auf seiner Schulter, eingekuschelt wie ein Vögelchen. Unsere Hunde beschimpfen den alten Rist, weil sie froh sind über jeden Anlaß, mal so richtig aus vollem Halse loszukläffen. Die kleine Stanja aber lieben sie; sie kann überhaupt mit allen Tieren tun, was sie will. Selbst Erich, der Hahn, scheint sie nicht für voll zu nehmen, er greift sie jedenfalls nicht an. Einmal fanden wir die kleine Stanja friedlich mit den beiden Dackeln zusammen eingeschlafen im Hundekörbchen.

Der alte Rist kann ihr keine Märchen erzählen. Er hat sie wohl schon vergessen seit seiner Jugend, und überhaupt sind die Märchen und Sagen hier oben bei den Bauern ausgestorben; die Kinder lesen nur hie und da eins im Schulbuch. Deswegen kommt die kleine Stanja so gern zu uns, sie hockt dann mit Bienchen zusammen auf der Fußbank, und ihre Augen werden ganz groß,

wenn der Vater abends das dicke Märchenbuch aus dem geschnitzten Bücherschrank vorholt und behaglich zu lesen beginnt. Nach dem Märchen von dem Kind, das in einem Vogelnest gefunden worden ist, rufen wir sie manchmal Fundevogel, und sie nennt sich selber so.

Der Papagei Gobo

Sommersonntagvormittag ist's. Splitterfaserpudelnackt liegt der Vater in einer Wiesenmulde am Bach in der Sonne, gut gedeckt gegen Sicht wie ein Hase. Er macht das gleiche wie die roten Lichtnelken und der tiefblaue Lungenenzian neben ihm: Er breitet die Arme aus und fängt mit jedem Blatt, mit jedem Glied, mit jedem Stückchen Haut die warme, strahlende Sonne auf. Sie dringt so wohlig tief in Muskeln und Adern ein, daß die Handfläche rosig durchleuchtet ist, wenn er sie vor die Augen hält.

Die Fichten breiten ihre dunklen Äste gegen den gleißend blauen Himmel. Die ernsten Bäume sehen auf einmal wie Rosenstöcke aus, jedes Zweiglein trägt eine leuchtendrosa Spitze. Zwei der würdig-übermütigen Bäume reichen einen Ast her zu dem versteckten Sonnenplätzchen. Vater zerdrückt eines der hübschen, tannenzapfähnlichen Gebilde – ein säuerlicher Saft rinnt ihm über die Finger. Als er nach dem anderen Ast langt, weht eine ganze Wolke Blütenstaub davon und pudert ihn goldgelb.

Es ist nicht langweilig hier: Über die Berglehne kommt eine wilde Jagd angeschossen, zwei Rabenkrähen, die einen Mäusebussard beschimpfen. Sie krächzen, flattern über ihm her, stoßen nach ihm, aber ohne ihn auch nur einmal richtig zu berühren. Nur gelegentlich weicht er ihnen mit einem Haken aus. Die Schimpferei geht unbekümmert acht Meter über Vater hinweg, als ob er ein Hase im Gras wäre. Deutlich sieht er jede Schuppe auf den gelben Fängen, jeden braunen Querstreifen auf der hellen Brust. Dann verschwindet der Bussard in der dichten Fichtenwand, und die Krähen fliegen darüber hinweg weiter, als hätten sie in Sekunden ihre Wut vergessen.

Vater schließt die Augen. Aus dem Walde tönt das laute, tiefe Gurren der Ringeltauben, fern hinterm Berg ruft unermüdlich ein Kuckuck, trillert ein Kleiber sein Tüjtüj. Vater stellt sich vor, wie das blaugelbliche, kurze Vöglein wie ein Specht, aber mit dem Kopf nach unten, einfach am Baumstamm herabläuft. Aber er ist zu träge, die Augen aufzumachen. Hummeln summen, Heupferdchen geigen, Bergahornwipfel rauschen...

Die vom Dorf würden schimpfen, sähen sie Vater so unbeschürzt in der Sonne liegen. Doch er ist gegen jede Überraschung gesichert. Strapp hat sich ihm zugesellt. Sie kläfft so begeistert und gern, daß niemand, nicht einmal ein fremder Hund, unangemeldet herankommen könnte. Die kleine Strapp wühlt nach Mäusen, mit halbem Ohr hört Vater das halberstickte Schnaufen des in die Erde gepreßten Näschens. Dann platscht sie an dem eisigkalten Bach herum und hat doch so lange Haare, die schwer wieder trocknen! Ein bißchen vorwurfsvoll ruft Vater sie an. Die kleine Strapp erinnert sich seiner; plötzlich, wie so oft, steigt in ihr eine wilde Liebe zu ihm hoch. Sie kommt durch das Gras angeschossen, stürzt sich mit ihrem patschnassen Fell, ihren kalten Pfoten auf seine sonnendurchwärmte, nackte Brust, küßt ihn

mit dem feuchten Schnäuzchen ins Gesicht, tanzt wilde Freudensprünge um ihn und auf ihm. Schimpfen, Fluchen, ja selbst Klapse sind für sie nur Aufmunterung zum fröhlichen Spiel. Jetzt packt sie sein Stück Seife und fährt damit ab. Zehn Meter weit legt sie es vor sich ins Gras, sieht Vater an, mit schiefem Kopf, die Brust zur Erde geduckt, das Hinterteil mit freudig wedelndem Schwanz nach oben: Komm, hol dir's doch, wenn du kannst! Natürlich erwischt Vater sie nie; immer packt sie die Seife im letzten Augenblick und saust in wilden Halbkreisen um ihn herum. Dann beginnt sie die Seife sogar anzufressen.

Auf einmal erlahmt Strapps Spieleifer. Sie starrt nach dem Hausdach, und mit raschem Griff kann Vater das zerkaute Seifenstück fassen. Strapp ist das einerlei: vom Haus kommt ein taubengroßer Vogel schwerfällig über die Wiese gesegelt, silbergrau mit rotem Schwanz. Er verliert trotz sichtlicher Anstrengung an Höhe und landet schließlich auf dem Koppelzaun. Es ist unser Graupapagei Gobo. Sein Käfig steht doch oft genug offen, was fällt ihm gerade heute ein, das Weite zu suchen? Jetzt fliegt er weiter zum Waldsaum auf eine niedrige Fichte, von da auf eine höhere, er turnt im Geäst herum. Wenn Vater ihn ruft, antwortet er mit lautem Gelächter.

Vater ist nicht zum Lachen zumute. Gobo ist schon seit über neunzig Jahren in der Familie, Generationen hat er überlebt. Hier im Walde kann ihn jederzeit der Habicht schlagen. Gobo hat ja seit einem halben Jahrhundert keinen Forst mehr erlebt. Auch die Mutter und Klaus kommen angelaufen. Wir pfeifen und bitten – alles vergeblich. Bis Mutter einen guten Einfall hat. Sie holt Bienchen aus dem Kuhstall und beginnt, es unter Gobos Baum auszuschimpfen und scheinbar zu schlagen. Gobo liebt unser Bienchen innig. Sofort ertönt auf dem Baum lautes Weinen und Auah! – hurtig turnt Gobo die Äste herab und segelt dann vom untersten in einer halben Spirale zu Boden. Aber ehe er auf Krummschnabel und Füßen »dreibeinig« bis an die Mutter herangehumpelt ist, um sie ins Bein zu beißen, haben wir ihn unter dem übergestülpten Käfig gefangen. Gobo lacht aus vollem Halse.

Das Lachen ist bei ihm ein Zeichen von Aufregung, nicht von Humor. Gerade deswegen wirkt es meistens ungemein lustig, wenn er bei ungewöhnlichen, aufregenden Ereignissen plötzlich zu kichern und zu lachen anfängt, etwa wenn die Hunde Haue bekommen oder Geschirr klirrend auf den Fliesen zerbricht. Stockt ein Gespräch für eine Weile, so läßt er sich gern hören: »Was hat er denn erzählt?«

Unser Mädchen heißt bei Gobo nicht Bienchen oder

Sabine, sondern »Gregor«. Auch die kleine Stanja, das Pflegekind des Briefträgers, und überhaupt alle Kinder werden »Gregor« betitelt. Gregor hieß nämlich ein frühverstorbener Bruder von Vaters Vater in den achtziger Jahren, den der Papagei besonders ins Herz geschlossen hatte. Gobo hat überhaupt ein erstaunliches Gedächtnis.

Wenn Vater früh im Bett liegt und sein Käfig im Nebenzimmer steht – die Fensterläden sind noch zu –, dann beginnt er zu pfeifen, und Vater antwortet ihm aus dem Bett. Das Halbdunkel macht in wohl gesprächiger als sonst. Einmal bellt er ganz seltsam, immer einen hohen und einen tiefen Ton. »Mein Gott«, sagt die Großmutter, die gerade zu Besuch ist, »das war doch der weiße Spitz, der immer auf einem Lastwagen an unserer Wohnung in der Derfflingerstraße vorbeigefahren ist. Er bellte so komisch auf dem Kutschbock, und Gobo fing schon immer an, hoch und tief zu kläffen, wenn er nur von weitem das Schimmelgespann sah. Über fünfzig Jahre ist das schon her, ich hatte den Spitz lange vergessen...« Ein andermal bringt er die Redewendung »Kinder, geradesitzen!« einen Lieblingssatz der Urgroßmutter, ganz in ihrem Tonfall. Die alte Dame ist auch schon vor 1900 gestorben. Als er einmal unverkennbar das Kreischen der Gartentür ihres Vaterhauses hören läßt, wird Großmutter ganz wehmütig. Das Haus ist längst abgerissen, moderne Geschäftshäuser stehen, wo im Vorgarten einst Levkojen und Reseda dufteten, aber das kleine Vogelhirn hat das Quietschen der eisernen Gartentür getreulich aufbewahrt...

Ja, Gobo ist der älteste von uns Insassen des Tierhäuschens hier oben in den Bergen. Der Dackel Strapp oder die Katze Rosette kennen nur unsere Stube und die Wiesen ringsherum, er jedoch ist weit gereist. In den sechziger Jahren des vorigen Jahrhunderts hat ihn Urgroßvater in Afrika selber aus dem Nest genommen, noch gar nicht richtig befiedert war der kleine Kerl damals. Seine beiden Geschwister sind im Nest geblieben. Ob sie wohl noch leben, oder ob sie drüben in Afrika längst einem Raubvogel oder einer Schlange zum Opfer gefallen sind? Gobo ist dagegen hier zeitlebens von Onkels und Tanten treu behütet und nachts mit einem gestickten Tuch zugedeckt worden. Übrigens rief der halbwüchsige Gobo schon in Afrika vom Balkon aus häufig dem schwarzen Diener zu: »Safiri, Hektor satteln!« Als Urgroßvater hinter diesen Schabernack kam und daher eine Trillerpfeife anschaffte, erschien trotzdem Safiri bald wieder mit dem gesattelten Pferd. Denn Gobo hatte den Trillerpfiff auch sehr schnell heraus. Urgroßvater hat uns oft erzählt, wie er den Papagei durch den Zoll geschmuggelt hat. Einfach in die Manteltasche gesteckt hat er ihn, und die andern Reisenden wunderten sich, woher es plötzlich »Kuckuck« rief und pfiff. Gerade vor dem Zollbeamten mußte Gobo den Kopf aus der Tasche stecken, aber ein Klaps ließ ihn schleunigst wieder untertauchen. Vor 1914 lebte unser Familienvogel ein paar Jahre mit Großmutter in der Kleinstadt. Im Hause neben ihr wohnte ein General, der die Angewohnheit hatte, nach größeren Ausmärschen vor seiner Wohnung abzusitzen, seinem Burschen das Pferd zu übergeben und den Vorbeimarsch der Truppen vom Balkon aus abzunehmen. Die militärischen Kommandos waren Gobo bald nichts Neues, und so schnarrte er »Augen rechts!« – zum Entsetzen des Generals und zur Freude der Soldaten. Großmutter mußte stets den Papagei von der Loggia hereinnehmen und die Tür schließen, wenn sie den Marschtritt der Soldaten herannahen hörte.

Er hat seine Mucken, der alte Herr (oder ist's eine Dame? wir wissen es nicht, denn er hat nie ein Ei gelegt). Kommt Bienchen ins Zimmer, dann schreit Gobo laut, bis sein Käfig auf die Erde gestellt wird und er mitspielen darf. Noch schöner ist es, wenn wir ihn herauslassen. Die Katze Rosette duldet es, daß er mit ihr vom gleichen Teller ißt, sie macht zuweilen Besuche bei ihm im Bauer. Beim Spielen auf dem Fußboden sucht Gobo sie am Schwanz zu fassen. Kreischend läßt er sich dann von ihr durchs Zimmer schleifen. Will er auffliegen, dann wippt er erst auf und nieder, breitet die Flügel aus, sagt: »eins, zwei, drei, hopsassa!« und schwingt sich erst nach dieser langwierigen Ankündigung empor – übrigens meist auf den Tisch, wo er gern abgestoßen werden will, so daß er über das glatte Wachstuch schlittert. Einmal hat ihn Klaus angeführt, indem er auf die Tischplatte eine Zeitung legte, so daß sie steif über die Kante überstand. Klaus lockte Gobo dann mit der Spieldose, die er sehr liebt, und, plautz, lag er unten. Aber nur zwei- oder dreimal fiel der Papagei darauf herein, jetzt prüft er jede Zeitung sehr genau, ob sie etwa nur vorgetäuschter Boden ist.

Mit höchster Wonne sitzt Gobo auf Vaters Schulter. Er bringt es sogar fertig, sich dort auf den Rücken zu legen und vor Vergnügen mit den Beinchen in der Luft zu strampeln. Der Papagei wirkt so schlau, weil er alle Töne bei der gleichen Gelegenheit wiederholt, bei der er sie gelernt hat. Führt man das Taschentuch an die Nase, so macht der Papagei sofort Schneuztöne; er schluchzt, wenn man sich die Augen reibt; das Drehen am Radio läßt aus dem Papageienbauer alsbald die beliebten Rückkopplungsgeräusche ertönen; klopft jemand, so ruft er »Herein!«; geht Vater über die Wiese, so schallt es aus dem Fenster: »Der Vater kommt!«

Gobo muß wohl, als unermüdlicher Beobachter in unserer Stube, auch unsere feinsten Gewohnheiten kennen, die uns selber gar nicht bewußt sind. Woher weiß er sonst im Nebenzimmer, daß Kuchen auf dem Kaffeetisch steht und kein Schwarzbrot? Jedenfalls macht er sofort und so lange Krach, bis er ein Stück abbekommt. Mißtrauisch gegen alles Neue ist er. Als Mutter für Vater von der selber gewaschenen und gesponnenen Schafwolle eine neue Jacke fertiggestrickt hatte, kam er nicht zu ihm auf den Arm, er mußte erst den alten Rock wieder überziehen. Vier Tage hat er gebraucht, um sich an das neue Kleidungsstück zu gewöhnen.

Seltsame Nachbarn

Das war einmal ein Sturm! Wie ein Wüterich fauchte er in die geduldigen Wälder, daß sie aufstöhnten und wild wogten wie ein Meer; er griff in die Wipfel, bis hoffnungsvolle zwanzigjährige Fichten krachend zersplitterten. Ohne Mitleid wusch der Regen ihre hilflos emporgereckten Wurzeln nackt. Er schwemmte auch an den kleinen Scheiben unseres Tierhäuschens herab, hinter denen Vater mit den Kindern saß und aus Tannenzapfen Kühe, Eulen, Igel und Hutzelmännchen bastelte. Wir hatten sogar im grünen Kachelofen Feuer angemacht, denn hier oben kann es selbst an einem heißen Sommertage im Handumdrehen knochenkalt werden. Eine Stunde ringsum triefte jetzt jeder Grashalm, jeder Stein, auch unterm dichtesten Baum, vor Nässe. Unsere Stube war in diesen Tälern der einzig trockene, warme, gemütliche Platz. Wie gut, daß wir hier saßen und die Dackel, die Katze, der Papagei und der Biber dazu, während draußen Rehe und Vögel vor Nässe zitterten.

Durch die grauen Regenschleier kam eine Gestalt auf unser Häuschen zugehumpelt. Es war die Perpetua, ein altes, vornübergekrümmtes Weiblein mit einem zu kurzen Bein, das im Walde Beeren und Pilze sucht. Noch nie war sie zu uns ins Tierhäuschen gekommen, aber dieser Sturmregen war selbst für dieses wettergegerbte Waldweiblein zuviel. Wo sie nur die beiden Körbe Walderdbeeren und Brombeeren herhatte? – die Kinder waren erst gestern danach ausgewesen und hatten kaum welche gefunden. Sie verkaufte uns wohl Beeren, aber auf die Frage, wo sie denn heute gewesen sei, murmelte sie nur unverständlich; sie wollte uns ihre Fundplätze nicht verraten.

Hei, wie die Zapfen in der Glut knackten und zischten! Das Bienchen war so entzückt davon, daß es eine Tannenzapfenkuh in das Ofenloch schob. Vater hatte sie gerade erst zusammengesteckt, mit vier Beinen aus Reisern, mit Hörnern, einem Euter aus Baumflechte und dem Schwanz aus einem Gänsefederkiel, der unten noch ein graues Flaumbüschel hatte. Nun stand das Prachttier am Feuer, und schon fingen die Schuppen an einer Bauchseite an, sich abzusperren.

Die alte Perpetua hatte die ganze Zeit regungslos am Ofen ihre Kleider getrocknet und stumpf in die Flammen gesehen. Jetzt glitt sie auf einmal vom Schemel herab, holte rasch die Zapfenkuh aus dem Ofen, pustete sie ab und stellte sie sorgsam beiseite. »Ihr habt doch eine Kuh im Stall, willst du die denn totmachen? Wenn du das Kühle verbrennst, bekommt die Mincha Gewalt über eure Kuh!«

Die Kinder machten runde Augen vor Staunen. Wir wußten nicht recht, was das verschrumpelte Weiblein eigentlich wollte. Wir konnten nur die Hälfte von dem verstehen, was sie uns erzählte, denn sie hatte kaum noch Zähne im Munde und sprach ganz altertümliche Mundart. Während draußen der Wind die Regenschwaden gegen die Hauswand klatschte und hier das Herdfeuer eine behagliche Röte auf unsere Kleider und Gesichter zauberte, verriet uns die verkrümmte Perpetua vieles, was wir in langen Jahren hier oben nicht erfahren hatten und was wohl auch die anderen Bauern nicht mehr wußten.

In dem Waldsee des verlorenen Märchentals, wo Bienchen das entlaufene Löwenkind gefunden hatte, wohnte die Mincha. Früher war der kleine See viel größer; wo jetzt sumpfige Randwiesen unter den Füßen schwanken, stand damals überall noch das regungslose schwarze Wasser. Nie kräuselte der Wind in der engen Talschlucht seine Oberfläche. Damals, ach, es ist schon lange her, Perpetuas Großmutter war noch jung, stiegen hier und da Leute den beschwerlichen Hang hinunter in das entlegene Tal. Sie warfen eine holzgeschnitzte

Kuh, ein Pferdchen oder gar eine kleine Menschengestalt, auf die sie den Namen des Nachbarn gekritzelt hatten, mit einem Stein am Hals in das tote Wasser. Während das Holzbild stumm versank und die Kreise im schwarzen Wasser sich um die Stelle weiteten, murmelte der Verschwörer altüberkommene, unverständliche Reime. Sie mußten abgehaspelt sein, ehe der erste Wellenkreis die stillen Ufer anstieß. Dann hatte die Mincha Gewalt über den Abgebildeten. Und sie pflegte sie grausam zu üben, die Wasserfrau.

Der Eschacher Weiher, welcher mit dem schwarzen Waldsee durch einen Quellabfluß in Verbindung steht, lag so friedlich zwischen sanft ansteigenden Wiesen. Die Bauern, die hier in der Junihitze Heu wendeten, und die Feriengäste, die von Buchberg her einen Spaziergang machten, bekamen Lust zum Baden. Die Stockentenmütter ruderten mit ihren Kinderscharen so lustig auf dem blauen Wasser, die Bleßhühner tauchten so possierlich unter, wenn man mit einem Stein nach ihnen warf. Der Weiher, der hier, unbeschattet von Wäldern, tagaus, tagein von der Sonne bebrütet wird, umspülte die Glieder des Badenden wohlig warm. Bis er plötzlich, mit einem Schritt, in eiskaltes Wasser geriet, das ihm die Brust zusammenschnürte und das Blut klopfend in den Hals trieb. Er strebte nach einer wärmeren Stelle, da verlor er jählings den Boden unter den Füßen, fühlte sich von Schlingpflanzen, nein, von glitschigen Armen festgehalten.

Dem Fischer, der abends auf dem Weiher seine Netze einzog, erschien nach solch einem Unglücksfall immer die Mincha, sie hob sich mit dem ganzen Oberleib aus dem Wasser und lachte gellend. Aber nie konnte der Mann beschreiben, wie sie eigentlich ausgesehen hatte.

Von der Hochbergseite ragt eine Landzunge in den Eschacher Weiher. Auf ihr krümmen sich spärliche, brusthohe Fichten, und man kann sich vom Ufer aus sehr wohl vorstellen, daß da manche Entengelege zu entdecken sind und daß man von drüben aus herrlich angeln kann. Die Jungen zogen die Schuhe aus, um über die sumpfigen Uferwiesen bis auf die Landzunge zu kommen. Die war mit trockenem, schilfigem Gras bestanden, aber darunter grünte Moos, das voll Wasser gesogen war, und der Boden schaukelte unter den Füßen. Man mußte sich immer dicht am Stamm der Krüppelfichten halten oder ganz rasch von einer zur anderen laufen, um nicht einzusinken. Dann flatterte auf einmal eine Ente am Boden entlang, sie war flügellahm und fiel immer wieder hin. Welcher Junge hätte da widerstehen können? Die Ente mit ihren Verstellungskünsten aber gehörte zu Minchas falschem Volk, und bald stak der Junge bis an die Knie, bis an die Hüften, bis an den Hals im zähen Morast. Die Leute waren alle über Mittag von den Wiesen nach Hause gegangen, der Einsinkende mochte wüten und weinen, beten, nach der Mutter rufen – nur

die Mincha sah höhnisch hinter einem Schilfbüschel zu, wie ihm zum Schluß das braune Wasser über den Mund stieg und seine Hilferufe in Blasen und Gurgeln erstickte. –

Klaus drückte sich unwillkürlich enger an Vater. Ein Windstoß heulte im Schornstein und trieb für einen Augenblick die roten Flammen aus dem Ofenloch in die Stube, so daß das verrunzelte Gesicht der Perpetua grell beleuchtet wurde und dann sofort wieder im Halbdunkel verschwand. Es ist wahr, auch heute noch kommt im Eschacher Weiher jedes Jahr mindestens ein Mensch um, manchmal sogar zwei oder drei. Wir haben unseren Kindern deswegen schon lange verboten, dort zu baden. –

Es ist die Mincha, die noch immer dort haust, behauptet die alte Perpetua. Jetzt ist sie nur noch allein, ihr Wasservolk ist weggezogen. Damals hielt sie auch ihre eigenen Nixen und Wassermänner in grausamer Zucht. Sie hören ja alle so brennend gern Musik, die Wasserleute, und können selber nur traurige Weisen auf der Blockflöte blasen. Als abends von Buchberg her verlorene Klänge der Tanzmusik herüberwehten, beschlossen ein paar Wasserjungfräulein, auch in den »Ochsen« zu gehen. Sie machten sich ganz harmlos nackend auf den Weg. Zwischen den Weiden trafen sie schon auf junge Burschen, die über sie lachten und sie zu greifen versuchten. Da stiegen sie in die Mägdekammer vom Freitagshof und zogen sich dort Blusen und Röcke an. Weil die Mägde selber schon zum Krug gegangen waren, hingen nur die Arbeitskleider da, aber die Wasserjüngferlein sahen trotzdem hundertmal schöner aus als alle Dorfmädchen. Zuerst lief immer noch eine feuchte Spur hinter ihnen auf den weißen Dielen, aber bald waren sie gar nicht von den Bauernmädchen zu unterscheiden, und zu jeder fand sich ein Bursche, der nur mit ihr tanzte. Abends um halb zehn, wenn es gerade am lustigsten war, mußten sich die Wassermaidlein wieder auf den Weg machen, denn die Mincha hatte ihnen streng befohlen, um zehn Uhr wieder im Weiher zu sein. Die Burschen durften sie anfangs nicht begleiten, weil die Wassermädchen zuerst im Freitagshof ihre Kleider wieder in die Kammer hängen mußten. Später aber zogen sie sich am Weiher im Schilf aus, und ihre Liebsten trugen die Röcke und Blusen zurück.

Eines Abends war ein neuer Fiedelmann von Rothkreuz da, und der spielte so feurig und so süß, daß sich die Seejüngferchen bereden ließen, noch länger zu tanzen. Als sie mit ihren Burschen um elf Uhr an den Weiher kamen, wurde ihnen das Herz bang und schwer. Das Wasser lag so drohend schwarz im Mondschein. Während sich die Mädchen hinterm Schilf auszogen, hörten die jungen Männer sie schluchzen. »Kommt doch mit uns nach Hause, wenn ihr Angst habt, zu eurer Mincha zu gehen«, riefen sie ihnen hinüber. Da tauchten die weißen Schultern der Mädchen aus dem Rohr auf, und sie flüsterten: »Wir können keine Menschenehefrauen werden, euer Priester würde uns nie trauen, und unsere Kinder würden uns verlassen und wieder in das Wasser zurückkehren. Wartet, bis wir im Weiher sind. Wenn das Wasser dann weiß aufwallt wie Milch, dann ist alles gut, und wir kommen morgen wieder tanzen!«

Die Burschen sahen von weitem die hellen Leiber der Weihermädchen ins Wasser gleiten, lautlos, ohne ein Plätschern. Leise rauschte das Schilf, ferne tönte das Quarren der Frösche von der Landzunge herüber. Auf einmal wurde das Wasser unruhig, es wallte auf und färbte sich blutigrot. Die jungen Männer warteten lange, aber nichts ereignete sich mehr. Und sooft sie auch zum Weiher gingen, ihre Liebsten kamen nie wieder. Sie sind alle Hagestolze geblieben, die jungen Burschen, und einer ist später Fischer auf dem Weiher geworden. Er hat sein ganzes Leben da gefischt, aber wie er ein alter Mann war, ist er in den Nächten immer länger auf dem Wasser geblieben, und eines Tages haben sie ihn tot herausgezogen, in seine eigenen Netze verwickelt... Ja, so war das mit der Mincha und ihrem Wasservolk, murmelte die Perpetua.

Wißt ihr übrigens, daß in eurem eigenen Häuschen hier vor hundert oder noch mehr Jahren mal ein Wasserweiblein in Diensten war? Der Mann, der damals hier wohnte, verfiel auf den Gedanken, im Märchental den schwarzen Waldsee zu befischen. Er holte mit seinem Bruder im Netz ein Wasserjüngferlein heraus. Es war gar nicht sehr scheu, ließ sich ruhig bis hierher tragen, redete aber kein Wort zu den Menschen. Die Bauersfrau streifte ihm Kleider über, und schon fing das Wasserweiblein

an, die Hemdsärmel aufzurollen und sich an die Arbeit zu machen. Es wusch das Geschirr ab, molk die Kuh, putzte die Fensterscheiben, scheuerte die Stühle und Tische und wirtschaftete von früh bis spät. Dabei sang es so schön, daß es den Bauersleuten vorkam, als wären sie in der Kirche. Am Feierabend kam das zugehörige Wassermännlein den Bach herauf, hockte sich unters Küchenfenster, und dann erzählten sich die beiden in einer Sprache, die kein Mensch verstehen konnte. Das Weiblein war so fleißig, daß ihm die Bauersleute etwas Gutes antun wollten. Weil es auf den Winter zuging und das Wasserweiblein den ganzen Tag barfüßig über die Dielen lief, streuten sie frischen Sand darauf, maßen heimlich ihren Fußabdruck darin nach und ließen in Buchberg beim Schuster ein Paar hübsche Schuhchen machen. Am Christabend stellte sie die Bäuerin ihr in die Kammer auf das Bett. Aber da weinte das Wasserweiblein bitterlich. Es war gekränkt, daß man es für seine Arbeit bezahlen wollte. Noch in der gleichen Nacht war es im Bach verschwunden und hatte seine Schuhe und Kleider in der Kammer zurückgelassen. Seitdem ist kein Wasserweib mehr hier in das Haus gekommen. –

Wir konnten die alte Perpetua nicht zum Längerbleiben überreden. Bald hinkte die gekrümmte Gestalt davon über die nassen Wiesen, die jetzt vom Sturm ausruhten. Wir aber sahen ein wenig scheu den alten Ofen an, der einmal von einem Wasserweib geschürt worden war, und Vater zerzupfte unsere Hutzelmännchen und Pferdchen wieder, bis sie einfache Tannenzapfen und Ästchen waren, die wir dann in die Glut steckten. Es ist schon ein wunderliches Häuschen, unser Tierhäuschen hier oben in den Bergen.

Wurz, der Waldkauz

Frühmorgens kommt Vater in die dunkle Wohnstube des Tierhäuschens und stößt die Fensterläden auf. Dann leuchtet und strahlt es plötzlich herein, so leuchtendgrün die Wiesen, so buttergelb der Schein der Himmelsschlüsselchen darin, so warmblau der Himmel und die lustigen Wolken so blendendweiß, daß Vater unwillkürlich mit den Augen blinzeln muß vor all den grellschimmernden Farben, die die Gebirgssonne aufleuchten läßt. Er lehnt sich ein wenig aus dem Fenster und läßt sich wärmen und freut sich. Was auch da unten, ein paar hundert Meter tiefer, passiert, uns berührt es wenig. Eine Stunde weit zu gehen nach jeder Richtung wohnt kein Mensch. Es leben wohl vielerlei Wesen hier oben im Wald, aber nur wir vier zweibeinigen. Vater, Mutter, Klaus und Bienchen.

Allerdings bekommt man die Mitbewohner unseres Reiches nicht so leicht zu sehen. Wir haben einmal einen Gast hier oben gehabt, der wollte gar nicht glauben, was wir ihm von dem Hasen Leo, den Rehböcken, den Füchsen und Eichhörnchen erzählten. Er ist tagelang durch den Wald gestreift und hat keine Tierseele zu sehen bekommen. So kann einem das leicht gehen, wenn man die ungeschriebenen Gesetze unseres Reiches nicht kennt. Klaus weiß sich nach ihnen zu richten. Er geht an eine tiefe Lichtung im Walde, legt sich zwischen die Farnkräuter und sieht eine Stunde lang den Wolken zu. Allmählich löst sich der Zauberbann, den jeder Mensch um sich ausbreitet. Eine Amsel vor ihm in der Nähe fängt wieder an, den Jungen die Schnäbel zu stopfen, die Igelfamilie rumpelt durch das Gebüsch und pflügt das alte Laub nach Maden und Käfern um, die Blind-

schleiche schiebt sich einen Arm lang entfernt vorbei und möchte sich am liebsten zwischen den Beinen des Regungslosen zum Sonnen zusammenrollen.

Und trotzdem hätte Klaus das wunderliche Ding in der alten, halb abgestorbenen Buche nicht entdeckt, wenn andere ihn nicht darauf aufmerksam gemacht hätten. Was zwitscherten die Buchfinken so aufgeregt und flogen immer wieder in diesen Baum hinein? Warum traute sich die Starenfrau nicht wieder aus ihrer Baumhöhle heraus, obwohl sie einen weißen Kotballen ihrer Kinder im Schnabel trug und ihn längst hätte wegbringen müssen? Drei, vier Dohlen saßen auf den dürren Ästen und zeterten und schimpften.

Dort oben saß ein komischer Kauz, ein rundlicher Federball, weich und wollig wie ein kleiner Kaffeewärmer aus Flaumfelll. Er kümmerte sich nicht um den Zorn, dessen Anlaß er war, er rührte sich nicht.

Für einen richtigen Jungen ist kein Baum zu glatt oder zu hoch. Klaus war bald oben. Aber das seltsame Tier sah ihn aus großen dunklen Augen so unheimlich an, mit so ernster Miene, wie ein Mensch, daß Klaus nur zögernd nach ihm zu langen wagte. Auf diese Weise flog der Federball, der gar nicht scheu zu sein schien, doch vorsichtig ab. Allerdings reichte es nur zu einem kurzen Gleitflug, und er führte mitten in den Bach. Das ungeschickte Geschöpf rettete sich zwar noch bis auf einen Stock am Ufer, dann blieb es aber hilflos sitzen. Das zweitemal war Klaus rascher, und so brachte er den possierlichen kleinen Kerl nach Hause.

Es war ein junger Waldkauz, wohl vier Wochen alt, denn um diese Zeit wird ihnen das Nest zu langweilig, und sie machen die ersten Ausflüge ins Geäst. Er war gar nicht scheu, aber ein wunderlicher Geselle. Wenn er auf einer Stuhllehne saß, dann konnte er viertelstundenlang nach irgendeinem Punkt im Zimmer sehen, wo wir beim besten Willen nichts von Interesse für ihn entdecken konnten. Nichts konnte ihn bewegen, seinen Kopf für einen Augenblick nach einer anderen Seite zu wenden. Hatten wir dagegen, etwa mit einer toten Maus, sein Interesse erregt, dann ging der Kopf immer mit der Maus mit, wenn wir sie vor ihm hin und her bewegten. Denn die Augen sind bei Eulen ja fast unbeweglich in den Augenhöhlen festgewachsen. So konnten wir Wurz, wie wir ihn nannten, dazu bringen, sein Gesicht bis auf den Rücken zu drehen. Diese Stellung machte ihm gar keine Schwierigkeiten. Ja, er drehte den Kopf nicht nur um 180 Grad, sondern sogar um 270 Grad noch nach der anderen Seite zu. Ging es dann nicht mehr weiter, so fuhr der Kopf ganz schnell herum und wieder nach vorn, damit er die Maus von neuem beobachten konnte.

Wurz sah nur genau nach vorn. Gegen Gefahr von hinten mußte ihn offensichtlich sein scharfes Gehör schützen. Bewegte man sich aber ganz lautlos, dann konnte man ihn ohne weiteres von hinten greifen. So ein scharfer Blick nach vorn mag nützlich sein, aber er hat auch seine Nachteile: Hinter dem Rücken Wurz' konnten sich die grausigsten Dinge abspielen, er kümmerte sich nicht darum, solange er sie nicht hörte. Unserem Hahn Erich oder dem Papagei Gobo kann so etwas nicht passieren. Bei ihnen stehen die Augen nach der Seite, und sie können deswegen fast gleichzeitig alles sehen, was vor, neben oder hinter ihnen geschieht. Erich können wir nicht von hinten packen, es sei denn, er schläft gerade oder hat den Kopf unter den Flügeln. Wurz ist ein seltsamer Kerl, ganz anders als unsere anderen Tiere. Erich und seine Hühnerfrauen, Gobo und auch unsere Tauben machen ihre Augen zu, indem sie das untere Augenlid nach oben heben. So machen es überhaupt die meisten Vögel. Wurz aber macht es nach Eulenmanier genau umgekehrt, er klappt das obere Augenlid nach unten, so wie wir Menschen. Deswegen sieht wohl auch sein Gesicht so menschenähnlich und ernst aus, und die alten Griechen haben ja auch die Eulen zum Sinnbild der Weisheit gemacht. Aber sie haben sich hier vom äußeren Schein trügen lassen. Wenn man Wurz am Kopf krault und mit den Fingern zwischen die Federn fährt, dann merkt man, daß der Kopf keineswegs so groß und weisheitsschwer ist, sondern daß unter den dicken, weichen Federn nur ein kleines Vogelköpfchen steckt. Und auch das besteht zum großen Teil nur aus Augen, nicht aus Gehirn. Ich glaube, daß Gobo viel gescheiter als Wurz ist, wenn er auch, trotz seiner Melodienpfeiferei und seinen trockenen Redensarten, noch lange nicht einem Hund oder einem Säugetier gleichkommt.

Wurz ist weitsichtig. Legt man ihm etwas nahe vor die Füße, dann muß er erst ein paar Schritte zurückgehen, um es überhaupt in die Augen fassen zu können.

Beim Essen macht er die Augen zu und tastet seine Beute mit den Federborsten ab, die neben dem Schnabel stehen. Wir können an seinen Augen erkennen, ob er abfliegen will. Er macht sie etwas kleiner und klappt öfter hintereinander die Augenlider auf und zu. Kurz darauf verläßt er dann seinen Standplatz.

Wurz saß den ganzen Tag über artig und verständig auf seiner Stuhllehne, unter die wir zum Schutz der Dielen ein Stück Zeitungspapier gelegt hatten. Als Vater aber nachts im Bett lag, ging ein Rumoren und Poltern los. Er flog gegen das Fenster, rumpelte auf dem Fußboden herum und war so geschäftig, daß Vater immer wieder aufwachte. Er mußte ihn in einen Kasten stellen und den Kasten mit der offenen Vorderseite gegen die Wand rücken, so daß es völlig dunkel darin war. Dann endlich war er ruhig und schlief. Er sieht wohl in der Dämmerung etwas besser als wir Menschen, aber nur, wenn nicht rabenschwarze Nacht ist, sondern wenn noch ein wenig Helligkeit herrscht. Im ganz Dunkeln können auch Eulenaugen nichts mehr leisten, denn zum Sehen gehört nun einmal Licht. Dafür ist Wurz aber alles andere als tagblind. Im Gegenteil, er verträgt das grelle Licht sogar besser als wir. Sitzt er nämlich am Fenster, dann folgt er mit den Augen jedem Vogel, der vorbeifliegt. Seine Augen gehen auch mit, wenn der Vogel gerade vor der Sonne fliegt und wir geblendet die Augen schließen müssen. Wurz kann also ebenso wie der Papagei und die Hühner geradewegs in die Sonne sehen. Wahrscheinlich können sich bei ihm die Pupillen viel stärker verengen als bei uns. In den ersten Wochen sahen seine Augen noch trübe, leicht bläulich aus. Das liegt daran, daß die Linse im Auge bei so einem jungen Vogel noch nicht ganz undurchsichtig ist. Wir haben diese

Weisheit aus einem unserer drei dicken Heinrothbände, die als besonderer Schatz in unserem Bücherschrank mit den geschnitzten Tieren stehen. Daraus lernten wir auch, daß Wurz etwa vier Wochen alt war, als wir ihn bekamen, denn um diese Zeit halten die jungen Waldkäuze es nicht mehr im Nest aus und fangen an zu fliegen. Sie haben es eilig, aus der Kinderstube herauszukommen, denn in den ersten dreizehn Lebenstagen verzehnfacht so ein kleiner Kauz sein Gewicht, und die langen Flügelfedern wachsen zeitweise fast einen Zentimeter täglich. Man müßte ihm beim Großwerden beinahe zusehen können.

Zu uns war Wurz liebenswürdig. Er nahm uns die Bissen von der Pinzette weg und knabberte zärtlich an den Fingern oder, wenn er auf der Schulter saß, am Ohr herum, ohne uns weh zu tun. Aber nach ein paar Wochen wurde er unberechenbar. Der alte Rist, unser Briefträger, der im Tierhäuschen öfter seinen Kummer erlebt, mußte sich vor ihm in acht nehmen. Rasch und lautlos flog er ihm gegen das Gesicht, und nur die Brille verhinderte, daß er ihm in die Augen griff. So ein Eulenangriff ist doppelt überraschend, weil man diese Vögel gar nicht fliegen hört. Sie haben auf der Oberseite ihrer Flügel Federn, eine Art Sammetpolster, so daß sich die Schwingen beim Flügelschlag nicht gegeneinander reiben und sie völlig lautlos fliegen.

Auf die alte Kuckucksuhr fiel Wurz immer wieder herein. Regelmäßig, wenn das Türchen aufging und der kleine bunte Holzvogel herauskam, um die Stunde anzusagen, schoß Wurz auf ihn los. Aber es gelang ihm nie, ihn zu erwischen. Er kam immer um Bruchteile von Sekunden zu spät.

Klaus setzte alle Mäusefallen im Haus, auf der Wiese

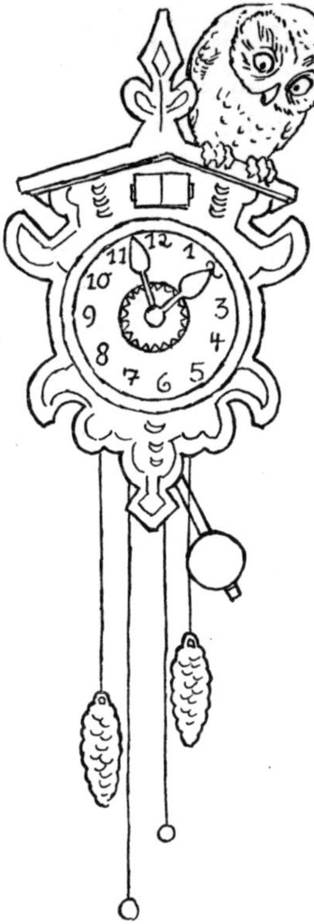

und am Waldrand in Betrieb, um Wurz zu ernähren. Er wurde zwar kaum noch größer, aber das lockere, gestreifte Federkleid verschwand langsam, und aus dem Kaffewärmer wurde eine richtige Eule. Wurz bekam allmählich ein festeres Gefieder und bräunliche Längsstreifen darauf. Er ließ sich gern mit Wasser bestäuben und beregnen und saß auch gern im Regen. So ein Brausebad machte ihm sichtlich Vergnügen, denn er hielt sogar die Flügel mit der Ober- und der Unterseite zum Einnässen hin. Merkwürdig, was er alles hinunterwürgte. Mäuse verschwanden mit Haut und Haar. Aber während große Geier, Hunde und Hyänen auch Knochen verdauen, kamen bei Wurz mit dem ausgewürgten Gewöll auch die feinsten Mäuserippen wieder unverdaut heraus. Die Schädel waren so sauber abverdaut, daß man sie ohne weiteres hätte in eine Sammlung einreihen können. Wahrscheinlich hat so eine Eule gar keine Magensäure, die den Kalk angreift, sondern bewerkstelligt das Verdauungsgeschäft irgendwie anders. Rotkohl, den er manchmal mitaß, kam mit dem Gewöll grün gefärbt wieder heraus. Ob sie vielleicht statt Salzsäure Ammoniak im Magen haben?

Ein paar Wochen später machte uns Wurz unsere Nahrungssorgen leichter. Er saß im offenen Fenster und beobachtete die Wiese. Und plötzlich flog er auf, glitt dreißig, vierzig Meter durch die Luft, ließ sich herabfallen und kam mit einer Maus in den Fängen zurück. Das wiederholte sich in Abständen von nur drei, vier Minuten mehrmals. Weil Eulen keine Kröpfe haben und deshalb keinen Nahrungsvorrat aufspeichern, verstecken sie öfters Reste von ihrer Mahlzeit unter Blättern oder in irgendwelchen Winkeln. Mutter war entsetzt, als sie unter einem Brief plötzlich eine halbe Maus fand. Zum Glück legte sich Wurz dann seine Speisekammer weit außerhalb unserer Stube an. Er setzte sich auf den Dachfirst und machte von da aus seine Jagdzüge. Das hatte den Nachteil, daß sich das ganze kleine Vogelvolk bei uns auf dem Dach versammelte und den düsteren Gesellen beschimpfte. Erst machte uns das Spaß, aber bald wurde es uns lästig, und wir waren froh, als Wurz langsam nach dem Walde zu zog.

Abends sitzen wir oft in der Dämmerung oder beim Mondschein in der Stube, um Licht zu sparen. Vater erzählt dann Märchen und Geschichten und auch manchmal eine von den gruseligen Sagen. Dann tönt aus dem Walde durch das offene Fenster der schauerlich-schöne Nachtruf der Käuze herüber. Dabei bekreuzigen sich die Bauern in den Höfen, weil sie glauben, die Eulen kündigten Tod und Begräbnis an. Wir aber wissen, daß es Wurz und seine Genossen sind, die sich untereinander mit Liebesrufen locken und die uns grüßen aus ihrem nächtlichen, dunklen Jagdrevier.

Die alte Therese

Bienchen spielt auf der Sandbank am Bach. Sie hat Holzklötzchen, die Häuser darstellen, und eine Kirche mit rot angemalten, schrägen Dächern. Bienchen baut kein Dorf auf, wie man es im Unterland kennt, sondern sie verteilt die Häuser einzeln in die Sandberge und Täler, hier eins ganz verloren und dort wieder eins. Ich sitze dabei und sehe Bienchen zu.

So klein wie dieses Spielzeug sehen unsere Berghöfe hier oben aus, wenn man drei Stunden lang durch den Wald auf den Rechtisberg steigt und dann von oben hinabsieht. Hier ein rotes Dach mitten im Walde, da wieder zwei oder drei in einem Seitental. Zwischen mächtigen Bergrücken und Wäldern so unbedeutende Würfelchen – eine rechte Kurzweil für die spielerische Laune irgendeines Riesen.

Und doch spielen sich Schicksale ab in diesen Häusern.

Eine Stunde weit von uns liegt Buchberg, mitten in einem weiten und sonnenhellen Tal. Die Häuser des Kirchspiels steigen die Berglehne hinan. Ganz oben schmiegt sich der Mittaghof an den Waldsaum. Das Fenster der Bodenstube im obersten Stockwerk steht im Sommer tagaus, tagein weit offen. Hier liegt die Therese. Ihr Bett ist ungewöhnlich hoch, die Beine sind mit angeschraubten Hölzern verlängert, so daß man im Stehen fast Gesicht zu Gesicht mit ihr sprechen kann. So kann sie aus den blaukarierten Kissen zum Fenster weit hinaus ins Tal sehen. Weit, weit hinaus wie ein kühnsichtiger Adler, der sich nie mehr fortgleiten lassen kann in die glasklaren Lüfte.

Hast du schon einmal im Leben so recht mit jeder Fiber gewartet, die Stunden gezählt, die Tage, eine ganze Woche lang? Therese wartet ein ganzes Leben. Sie hat Geduld dabei gelernt und Ruhe, aber sie wartet, die grauhaarige Therese mit ihrem stubenblassen, runzligen Altweibergesicht. Sie war einmal frisch und ganz hübsch, die Therese, vor fünfzig Jahren. Ihr Schicksal war so, wie es fast alle Tage vor fünfzig Jahren und vor dreißig und heute irgendwo passiert mit achtzehnjährigen jungen Mädchen in diesem oder jenem kleinen Häuschen der großen bunten Spielzeugschachtel Welt. Eine Familie kam zur Sommerfrische herauf in den Mittaghof, und zu ihr gehörte Karl. Er war so lustig und so fesch, er hatte schon zwei Semester studiert, er hatte München gesehen und die anderen Großstädte, er half der Therese beim Heumachen und trug ihr die Milchkanne von der Weide nach Hause, er verliebte sich in sie, er ging mit ihr Beeren sammeln, er stieg mit ihr eine Stunde weit ins Dorf zum Tanz. Eine Liebesgeschichte, wie sie sich tausendmal abspielt. Aber für die junge Therese war sie so neu, daß die Sonne auf einmal anders schien und der Wind freundlicher wehte und die Blumen leuchtender blühten.

Als Karl abfuhr, versprach er ihr zu schreiben, ja, wiederzukommen und sie abzuholen. Die abgemähten Wiesen wurden wieder grün, das Gras schwoll, die Sensen schnitten es zum zweiten Male, das braune Grummet schwankte in die Scheunen. Therese wartete mit Ängsten. Die jungen Kühe wurden schwer und träge von der fetten Sommerweide; unter ihren grauen Flanken trugen sie neues Leben, das sie im kommenden März gebären sollten. Therese wartete auf Nachricht von ihrem Karl. Im Oktober kamen die Jungrinder zum ersten Male in ihrem Dasein in den Stall. Sie waren widerspenstig, drängten hinaus, bockten und schlugen, ehe sie angekettet waren. Eins stieß das junge Mädchen mit dem schwarzspitzigen Horn gegen den Leib. Bis der Doktor mit seinem Wägelchen aus Kempten angetrabt kam, war Therese halb verblutet.

Seitdem liegt sie gelähmt im Bett, über fünfzig Jahre, und wartet. Sie kann weit sehen aus ihren blauweißen Kissen über die dunkelgrünen und hellgrünen und bräunlichgrünen Wiesen, über die Bäche und bläulichen Wälder hinweg, bis weit hinunter ins Tal. Wenn der Briefträger am Dienstag und Freitag unten vom Ochsenkrug weggeht, dann erkennt sie ihn schon. Sie verfolgt, wie er erst zum Bürgermeister ins Gemeindehaus geht, dann zum Sandholzer und in das flachgiebelige Haus, wo der Lehrer wohnt, zum Überlinger und ins Pfarrhaus. Schließlich macht er sich auf den Weg zum Berg herauf. Wenn er beim Einödhof vorbei ist, kann die Therese schon erkennen, ob er heute Pakete mithat, und hinterm Raschhof weiß sie, wie viele. Beim Radinger hält er sich gern ein wenig auf, er bastelt mit an den Bienenstöcken, denn er ist auch Imker wie der Radinger. Aber Therese hat Geduld gelernt. Sie wartet und sieht ihn dann den schmalen Weg durch die Wiesen heraufsteigen, hinter dem Gemsenwäldchen verschwinden, über die Berglehne wieder vorkommen und zum Sauhof gehen. Macht er dort nicht wieder kehrt zum Dorf zurück, sondern schreitet er über den kleinen Bachsteg auf den Mittaghof zu, dann schlägt der Therese das Herz höher. Aber seit fünfzig Jahren hat der Briefträger nur Steuerzettel gebracht oder mal einen Brief für den Schwager. Wenn er dann wieder zum Dorf zurückgeht und immer kleiner wird da unten, weit im Tal, dann keimt in Therese schon wieder die Hoffnung auf den nächsten Freitag.

Sie ist weitsichtig geworden: Selbst die großen Buchstaben in dem alten Gebetbuch mit dem roten Schnitt kann sie nicht mehr lesen. Aber sie kennt die Kühe, die meilenweit weg unten im Tal weiden, sie vermißt jede, die im Frühjahr nicht wieder aus dem Stall getrieben wird, und sie spricht davon, wenn weit, weit hinten auf dem Siebenhof die roten Kressen in den Blumenkästen vor den Fenstern aufgeblüht sind. Es kommt selten jemand zu ihr herauf in das Bodenstübchen. Der Schwager und die Schwester haben mit dem Vieh zu tun auf den Wiesen, und sie sind gesund und gehen nicht gern in die Krankenstube. Sie haben ihr ein altes Stück Eisen neben das Bett gehängt und einen Hammer auf den Stuhl gelegt, und damit läutet die Gelähmte, wenn sie etwas braucht. Manchmal vergißt die Magd das Essen heraufzubringen, doch Therese kann warten. Nur selten hört man den gebrochen klirrenden Ton oben aus dem Giebel. Sie hat schon zweimal in den fünfzig Jahren die Feuerwehr alarmiert, als hinten, ganz weit jenseits des Blaubergs, eine Rauchsäule aufstieg. Damals ist der Schwager auf das wilde Klopfen herbeigerannt und mit dem ungesattelten Pferd nach dem Dorf hinuntergesprengt, so daß die Feuerspritze eine Viertelstunde später losgaloppieren konnte. Zwei Sonntage nach Ostern ist Festtag für die Therese. Sie zählt schon seit dem Winter die Wochen dafür ab. Dann kommt der Herrgott aus der Kirche zu ihr herauf auf den Berg. Ganz hinten in den Wiesen sieht sie das weiße Spitzenhemd des Glöckners mit dem scharlachroten Untergewand und das vierkantig schwarze Barett des Herrn Erzpriesters. Auf den Wiesen knien die Bauern hin, wenn die beiden vorbeigehen. Die grauen Kühe hören auf zu grasen und sehen still und demütig nach den ernsten Gestalten am Wege hin, die tausend blauen Enzianblüten wenden ihre Köpfe, die schwarzen Krähen, die sonst vor jedem Wanderer mißtönig aufflattern, bleiben verwundert auf den Koppelzäunen sitzen. Am Radingerhof laufen die Kinder nach dem Glöckchen des Mesners durch das blumenbunte Vorgärtchen bis an den Weg. Dort bleiben sie verlegen stehen, bis die ältere Schwester sie anstößt und ihnen vorzeigt, wie man niederkniet und das Kreuzzeichen macht. Der hohe Himmel ist vollgetürmt mit Wolken, aber ein Lichtstrahl zaubert einen leuchtenden Fleck auf die Wiesen, der langsam bergauf wandert. Und in ihm schreitet, wie von einem Heiligenschein umgeben, der Herrgott in seinem goldenen Schrein aus der alten Dorfkirche über die Wiesen hinauf zum Mittaghof, zur kranken Therese.

Es sind wohl nur kleine Sünden, nur Gedanken, die die alte Therese dem hochwürdigen Herrn zu beichten hat. Aber der Weihrauch steigt tröstend aus der silbernen Ampel des Mesners und macht das Stüblein mit seinen weißgescheuerten Dielen und den fichtenbretternen Wänden feierlich wie das silbern und golden geschmückte Kirchenschiff unten im Dorf. Und wenn der Jesusleib aus seinem Goldschrein zu dem alten Weiblein eingegangen ist, dann ist endlich für eine Weile Frieden eingekehrt in ein sehnsüchtig wartendes Herz.

Während der Herr Erzpriester unten in der Stube mit dem Schwager und der Schwester Kaffee trinkt und den gelben Festtagszopf dazu ißt, liegt die Therese oben still mit gefalteten Händen, die runzligen Augenlider geschlossen. Sie ist glücklich und zufrieden. In dem unbeholfenen Holzkäfig, den der Schwager geschnitzt hat, singt der Kanarienhahn. Er ist seit ein paar Wochen hier. Klaus und Bienchen haben ihn hergebracht. Klaus sollte im Mittaghof nachfragen, ob wir ein paar Zentner Heu für unsere Kuh zukaufen könnten, dabei haben sie die alte Therese kennengelernt und haben sie auch später noch ein paarmal besucht. Ganz still und gedrückt haben die beiden in dem Krankenstübchen gesessen, haben aus dem Fenster gespäht nach den Kühen und den Kindern weit drunten im Tal, die ihnen die alte Therese zeigte und beschrieb und welche die beiden doch nicht erkennen konnten.

Sie haben sich nicht vorstellen können, was fünfzig Jahre sind, wovon ihnen der Bauer und die Bäuerin im Mittaghof erzählten. Doch sind sie sehr besinnlich nach Hause gekommen und haben beschlossen, unser Kanarienhähnchen über den Rechtisberg nach dem Mittaghof zu tragen. Wir haben das muntere Hänschen gern gehabt; aber man soll hochherzige Kinderentschlüsse nicht enttäuschen. Und so hat das Hänschen einen Sommer lang für die alte Therese gesungen. Seine rollenden Lieder haben durch das offene Fenster über die Wiesen geklungen und haben ein altes Herz froh gemacht. Wir haben Hänschen manchmal vermißt. Aber im Herbst waren wir sogar froh, daß wir ihn hingegeben hatten.

Dann eines Tages kam er wirklich, auf den die Therese fünfzig Jahre lang gewartet hatte. Er kam von jenseits des Dorfes, hinter der Kirche. So weit hatte selbst das alte Weiblein nie gesehen, und doch erkannte sie ihn deutlich, ihren Karl. Er trug noch die gleichen, altmodischen Kleider, die er vor fünfzig Jahren angehabt hatte, und ging noch denselben jugendlichen Gang. Er schritt durch das Dorf, und gleichzeitig legte sich ein Wolkenschatten über die Dächer und Gärten.

Er ging über die Wiesen, und der Schatten stieg mit ihm und füllte das ganze Tal und stieg immer höher und breitete sich über den Bach und kam näher und näher dem Mittaghof. Und der Karl stieg durch die Wiesen heran, über die er einst in die Fremde gegangen war und die fünfzigmal inzwischen Schnee und Blumen getragen hatten. Er ging an den Schafen vorbei, die unten angepflöckt waren, aber sie wendeten nicht die Köpfe. Er schritt durch den Hof, doch die Hühner stoben nicht auf die Seite, wie sie es sonst tun. Er klinkte die halbe Sommertür zum Flur auf, die hölzernen Stiegen knarrten unter seinen Füßen, er ging zwischen den abgestellten Möbeln über den halbdunklen Boden, seine Hand tastete nach der Klinke. Als die Tür aufging, lag die Therese regungslos in den Kissen. Vom Dorf klang dumpf die Vesperglocke herauf.

Wir hörten von dem Tode des alten Weibleins und wollten unser Hänschen zurückholen. Wenn der Tod in einen Bauernhof eingekehrt ist, dann bringt er viel Wesens mit sich. Es müssen Gäste geladen sein, es muß gebacken und gekocht werden. Man muß die Leichenmesse ansagen und den Totengräber bestellen. Wer hat da noch Zeit, an das Hänschen im Bauer zu denken? Vogelherzen schlagen rasch und heiß, und Vogelschnäbel sind hungrig. Sie können nicht lange fasten. Als wir die alte Therese zum letztenmal in ihrem Kämmerchen besuchten, lag das Hänschen tot in dem Holzbauer. Wo der große Tod ein Menschenherz gestillt hat, da kann man nicht viel Aufhebens machen um ein kleines gelbes Vögelchen. Es war vielleicht unchristlich, doch wir haben das zarte Geschöpflein der Toten unter die gefalteten Hände versteckt. Ich glaube, sie wird den kleinen Freund, der ihr so oft in der Einsamkeit gesungen hat, gern mit sich genommen haben.

So leben wir in unserem Tierhäuschen hoch oben in den Bergen. Neue Regierungen und Kriegsdrohungen, fremde Besatzungen und Parteienkämpfe dringen nur wie ein fernes papierenes Echo in unser kleines Reich tief in den Wäldern. Eichhörnchen und Kühe, Dackel und Dachse, Eulen und Rehe sind uns wichtiger, und ob das Heu trocken in die Scheune kommt und ob die Brunnenstube genügend Wasser hat.

Das heißt, so könnte man leben, wenn das Herz nicht zu unruhig wäre. Wenn nicht die große bunte, aufgeregte Welt vor den Wäldern nach ein paar Monaten ebenso lockte wie das bärenklaubetupfte stille Wiesenreich. Immer wieder ziehen uns neue, ehrgeizige Pläne in das Häusermeer der großen Städte. Und wenn dann das Telephon in Konferenzen hineinschrillt, wenn die grellen Plakate stumm von den Säulen schreien, wenn die Menschen sich vor den Schaltern drängen, wenn tausend Gesichter spannungsgeladen am Bühnenvorhang hängen – dann taucht plötzlich wieder das Bild des Habichts auf, der am sonnenblauen Himmel lautlos über zapfenbeladene Fichtenwipfel gleitet.

So zieht uns das unruhige Herz von Sehnsucht zu Sehnsucht. Falls es noch ein Jahrzehnt weiterklopft, wird es vielleicht einmal zwischen Bergahornen und Bussarden befriedet sein.